1x1 kreativ
PAPIER GESTALTEN

Christa Doll
Dagmar Koch
Ina Kunz
Gisela Reschke
Gudrun Schmitt
Eva Sommer

Papier schöpfen, Buntpapier, Papeterie & mehr

INHALT

VORWORT 3	
WORKSHOP 4	
1 Papier schöpfen 6	
Die Geschichte des Papiers 6	
Arbeitsvorbereitung 8	
Grundwissen 9	
Herstellung eines Schöpfrahmens 10	
Papier schöpfen 11	
Streumuster 13	
Pflanzenpapiere 14	
Pulpe einfärben 16	
Bicolorpapier 17	
Mehrfarbige Papiere 18	
Papier prägen 19	
Papier dreidimensional schöpfen 20	
Wasserzeichen 21	
Einschließen, Strukturieren und Aufreißen 22	
Gestalten mit Positiv- und Negativformen 24	
Ideeninsel Papier schöpfen 26	
2 Buntpapier 28	
Einführung und Geschichte 28	
Kleisterpapier 29	
Öltunk-/Marmorpapier 34	
Papierbatik 40	
Ideeninsel Buntpapier 42	
3 Découpage 44	
Die Geschichte der Découpage 44	
Ideeninsel Découpage 46	
4 Papeterie 48	
Grundlagen 49	
Einfaches Buchbinden 50	
Leporello 51	
Stülpdeckelkasten 52	
Ideeninsel Papeterie 54	

IDEENPOOL 56

Karten 58
- Geprägte Karten 58
- Blütenkarten 60
- Passepartout-Karten 62
- Blütenmädchen 64

Papeterie 66
- Einfache Mappe für Notizblock 66
- Buchzeichen, Notizblock & Karten 68
- Rosen und Herzen 70
- Briefumschläge 72
- Stapelboxen 74
- Leporello mit Origamifaltung 76
- Ein Briefumschlag ist ein Brief 78
- Schubladenbox 82
- Blauer Karton 84
- Edel verschenken 86

Schöne Dinge 90
- Weiblicher Akt 90
- Orientalischer Spiegel 92
- Fensterschmuck 94
- Vasenobjekt und Teller 96
- Tröpfchen-Lichterkette 98
- Broschen aus Papier 100
- Modulares Origami 102
- Kraniche 106
- Sterne aus Buntpapier 108
- Spanschachtel mit Pfau 110
- Orientalische Lampe 112
- Dekotasche 114
- Engelsflügel 116
- Lichterkette 118
- Papierfähnchen 120
- Buntpapierkiste 122
- Bilderrahmen und Windlicht 124

VORLAGEN 126

GLOSSAR/REGISTER 130

AUTOREN/IMPRESSUM 132

VORWORT

Papier regiert die Welt, Papier ist überall. Das Buch, das Sie gerade in der Hand halten, ist aus Papier. Briefe, Zeitungen und Bücher sind Medien aus Papier. Aber es gibt noch andere papierene Kommunikationsträger: Wir lesen die Etiketten auf Waren, damit wir über den Inhalt informiert sind. Wir können ein Stück Papier gegen Lebensmittel, Kleider und vieles mehr tauschen – denn auch unser Geld ist aus Papier. Und niemand möchte auf die vielen Hygieneartikel aus Papier verzichten.

Auch Kreative aller Art arbeiten mit Papier, zeichnen Skizzen, gestalten Dekorationen oder schaffen daraus Kunstwerke. Eine Kunstrichtung ist „PaperArt". Dabei wird der Faserstoff an sich, als dreidimensionales Medium, zum schöpferischen Ausdrucksmittel. Grund genug, sich mit diesem faszinierenden Material zu beschäftigen und es selbst schöpferisch herzustellen. Im ersten Kapitel dieses Buches lernen Sie Papierschöpfen in allen Variationen, bunt, mit Streuelementen, Prägungen, Aufrissen und Wasserzeichen. Ganz farbenfroh ist das Kapitel Buntpapier mit verschiedenen Arten von Kleisterpapier, Marmorpapier und einigen Techniken der Papierbatik. Für viele stellt sich die Frage, was man mit den ganzen schönen Papieren machen kann. Da helfen die Kapitel Découpage und Papeterie weiter. Mit Découpage können Sie die Papiere auf alle möglichen Gegenstände kleben. Wir zeigen Ihnen aber auch, wie Sie ein kleines Buch, ein Heft und einen Leporello fertigen können.

Im Ideenpool finden Sie eine Vielzahl an Ideen, wie Sie aus den gestalteten Papieren Karten, Dekoobjekte, individuelle Papeterie und vieles mehr machen können.

Wir wünschen Ihnen viel Spaß in der weiten Welt des Papiers!

1 PAPIER SCHÖPFEN

2 BUNTPAPIER

3 DÉCOUPAGE

4 PAPETERIE

WORKSHOP

Schritt für Schritt lernen

Jede Technik wird ausführlich vermittelt. Zunächst erfahren Sie alles über die nötige Ausstattung an Materialien und Werkzeugen. Anschließend wird anhand vieler Fotos gezeigt und beschrieben, wie Sie Schritt für Schritt vorgehen müssen. Tipps und Hinweise helfen weiter, wenn es mal nicht auf Anhieb klappt. Der Workshop ist so aufgebaut, dass Sie selbst entscheiden können, ob Sie ihn lieber von vorne bis hinten durcharbeiten oder nur spezielle Techniken erlernen möchten.

Pannenhilfe

Falls eine Technik mal nicht auf Anhieb klappt, ist es für den Anfänger schwierig, einzuschätzen, woran es wohl liegen könnte. Dafür gibt es im Workshop zu einigen Techniken Pannenhilfen. Hier stehen wertvolle Tipps, wie Sie während des Prozesses noch gegensteuern können oder lernen für das nächste Mal, was Sie anders machen müssen. Ganz nach dem Motto: Aus Fehlern wird man klug, drum ist einer nicht genug!

Ideeninseln geben tolle Anregungen

Die Workshop-Kapitel werden durch Ideeninseln abgerundet. Hier können Sie die gelernten Techniken sofort an einfachen Beispielen anwenden. Lassen Sie sich durch diese Ideen dazu inspirieren, wie Sie geschöpfte Papiere einsetzen können und was für Muster man mit Kleisterpapier, Marmorpapier/Öltunkpapier und Papierbatik erzielen kann. Schöne kleine Ideen zu Découpage und Papeterie finden Sie ebenfalls.

> „Was ich höre, vergesse ich,
> was ich sehe, erkenne ich,
> was ich tue, begreife ich."
> (Chinesisches Sprichwort)

Hinweise

- Papier leitet sich von dem griechischen Wort Papyrus ab. Es wird aus zellulosehaltigen Materialien wie Holz- und Baumwolle gefertigt. Früher nahm man Lumpen, in asiatischen Ländern nimmt man auch Reisblätter zur Herstellung von Papier.

- Marmorpapier nennen Fachleute Tunkpapier, weil das Muster auf der Flüssigkeit auf das Papier übertragen wird, indem man das Papier auf die Schlichte legt. Diese Technik war Ende des 16. Jahrhunderts in Persien und der Türkei sehr beliebt, daher wurden diese Papiere früher auch Türkisch Tunkpapier genannt.

- Einige Museen haben sich auf Papier spezialisiert. Besonders empfehlenswert ist die Papiermühle in Basel (www.papiermuseum.ch), das Papiermuseum Düren (www.papiermuseum.de) und das Gutenbergmuseum (www.gutenberg-museum.de) in Mainz. Die Besuche lohnen sich!

1 PAPIER SCHÖPFEN

Hinweise

◆ Während man Papier früher aus Holz, Rupfen und vielen anderen zellulosehaltigen Materialien gemacht hat, ist heute vor allem Altpapier Ausgangsmaterial für neues Papier.

◆ Das wertvollste Papier, Geld, wurde im Ursprungsland des Papiers, China, erfunden. Da es zu wenig Kupfer für die Prägung von Münzen gab, ordnete Kaiser Gaozong im 7. Jh. n. Chr. das Ausgeben von Papiergeld an. Bis dahin war der Wert des Materials und der Wert, der auf einer Münze stand, immer identisch gewesen.

Die Geschichte des Papiers

In China wurde um 60 v. Chr. das Papierschöpfen erfunden. Der Minister Tsai Lun hat die Herstellung 105 n. Chr. beschrieben und es wird ihm daher die Erfindung des Papiermachens zugeschrieben. Die Geschichte sagt, dass der Minister Tsai Lun aus der Provinz Hunan aus verschiedenen Rohstoffabfällen wie Seide, Hanf und Bast eine Papiermasse (Pulpe) entwickelt hat. Das Verfahren war ein streng gehütetes Geheimnis.

Erst im Jahr 610 verbreitete sich die Herstellung von Papier bis nach Japan. In einigen asiatischen Ländern wie Japan, Korea, Nepal, Thailand etc., wird handgemachtes Papier immer noch nach traditionellen Verfahren hergestellt.

Durch chinesische Kriegsgefangene gelangte das Geheimnis der Papierherstellung im Jahr 751 nach Samarkand (Usbekistan). In Bagdad (Irak) wurde ab 794 Papier hergestellt. Von da an war es um das Geheimnis der Papierherstellung geschehen: Das Wissen breitete sich immer mehr in Richtung Westen aus. Im 9. Jh. wusste man in Damaskus (Syrien) und im 10. Jh. in Ägypten um die Papierherstellung. Das Wissen verbreitete sich auch in Europa schnell: Zur ersten europäischen Papierherstellung kam es um 1150 in Spanien. In Italien begann man 1268 im Dorf Fabriano mit dem Papierschöpfen. Ab 1326 existiert die Papiermühle bei Ambert in Frankreich. In Deutschland wurde die erste Papiermühle ab 1389 bei Nürnberg gegründet. In der Schweiz wurde 1411 die erste Papiermühle in Marly in Betrieb genommen. Im Jahr 1438 begann man in Holland mit der Papierherstellung. 1469 folgte Österreich. In England begann man 1494 mit der Papierherstellung. Erst 1576 wird auch in Russland Papier hergestellt.

geschöpftes Papier

Papier mit Streumuster – Blütenblätter

Papier mit Einschluss

Papier mit Streumuster – Konfetti

PAPIER SCHÖPFEN

Was ist Papyrus?

Papyrus gab es bereits 3000 Jahre v. Chr. Die Papyruspflanze (Cyperus Papyrus), ein Schilfgras, wächst am Nil. Das Mark des Stängels wird in dünne Streifen geschnitten, die ca. 1 cm bis 1,5 cm breit sind. Diese Streifen werden in zwei Schichten übereinander gelegt, die erste Schicht quer, die zweite längs. Durch Hämmern werden die beiden Schichten miteinander verbunden. Der austretende Saft ist gleichzeitig das Bindemittel. Danach wird das Papyrusblatt getrocknet und durch Pressen geglättet.

Was ist Pergament?

Bereits 300 v. Chr. wurde in Pergamon auf gegerbte Tierfelle geschrieben. Noch heute wird Pergament für spezielle Urkunden oder Lampenschirme verwendet. Auch für Bucheinbände ist Pergament ein wichtiger Werkstoff. Kalb-, Rinder-, Schaf- und Ziegenfelle sind das Grundmaterial. Die werden in Kalklauge gelegt, danach gründlich gereinigt und aufgespannt. Nach dem Trocknen, Schaben und einer sorgfältigen Oberflächenbearbeitung können sie beidseitig beschrieben werden. Mit Bimsstein konnte man alte Schriften entfernen, das erlaubte eine Mehrfachverwendung von Pergament.

Hinweise

◆ Papiertaschentücher sind keine Erfindung der Neuzeit: Die Chinesen putzen ihre Nasen seit dem 2. Jh. n. Ch. damit!

◆ Das Wort Papier leitet sich aus dem Griechischen Wort „papyrus" für Papyrusstaude ab.

◆ In Japan, wo man aufgrund schwerer und zahlreicher Erdbeben sehr leicht baut, benutzt man Trennwände aus Papier. Man nennt sie Shoji.

◆ In Mexiko gab es etwa im 5. Jh. v. Ch. einen Beschreibstoff mit der Bezeichnung Amatl. Die vom Feigenbaum gewonnenen Baststreifen wurden gekocht, danach legte man sie netzartig auf einem Holzbrettchen aus. Durch Klopfen mit einem Stein wurden die Fasern verbunden.

Papier in Ost und West

Grundsätzlich muss man fernöstliche von westlichen Methoden des Papierschöpfens unterscheiden. In den bereits erwähnten asiatischen Ländern haben sich die für fernöstliche Technik typischen Siebformen erhalten. Diese Siebe sind aus längsseitig laufenden feinen Bambusstäben oder aus einem Gewebe. Geschöpft wird, indem das Sieb mehrmals in den sich in der Bütte befindlichen, wässrigen Faserbrei eingetaucht und damit der Faserbrei in Schichten aufgenommen wird. Zum anderen kennt man die Technik des Gießens in das schwimmende Sieb.
In Europa entwickelte man einen Holzrahmen, auf den längs Drähte aufgezogen sind, die durch einen feinen Draht verbunden werden. Dies nennt man Vergé-Sieb. Bespannt man den Rahmen mit einem Kupfergeflecht, oder neuerdings mit einem Polyestergewebe, so entsteht ein Vélin-Sieb. Zu beiden Arten gehört ein Deckelrahmen. Dieser begrenzt die Fläche des geschöpften Papiers.

WORKSHOP

Ihre Grundausstattung

- Zellstoff- oder Recyclingmaterial
- 2 bis 4 Plastikeimer
- Wanne
- Bohrmaschine mit Farbrühraufsatz
- Mixer
- 2 beschichtete Bretter (je eines unter und auf dem Stapel)
- 10 Gautschtücher
- Windeleinlagen
- Schöpfrahmen
- Messbecher
- Schwamm
- Sprühflasche
- Presse
- Wäscheständer
- Wäscheklammern

Tipps & Tricks

◆ Papier schöpfen ist eine nasse Angelegenheit. Daher empfiehlt es sich in Räumen zu arbeiten, wo auch mal ein paar Tropfen mehr auf dem Boden landen können. Die Arbeitsfläche mit Plastikfolie abdecken.

Hinweise

◆ Falls Sie keine Pressen haben, ist eine menschliche Presse wie auf Seite 12 beschrieben eine gute und – vor allem beim Schöpfen mit Kindern – sehr lustige Alternative.

◆ Statt Windeleinlagen kann man auch dünne Spültücher verwenden, siehe Seite 20.

ArbeitsVORBEREITUNG

Zum Schöpfvorgang braucht man eine **Wanne (Bütte)**. Sie muss tief und groß genug sein, damit der Schöpfrahmen eingetaucht werden kann. Für das A5-Format sollte die Wanne mindestens 30 cm tief sein und das Maß 35 cm x 50 cm haben. Für das A4-Format muss die Wanne mindestens 45 cm x 55 cm groß sein.

Schöpfrahmen oder Bausätze kann man kaufen (siehe Bezugsquellen). Für die ersten Versuche kann ein Haushalt-Spritzschutz aus Metall dienen, an dem der Griff entfernt wird. Auf einem stabilen Bilderrahmen kann man ein Fliegennetz aus Metall spannen und mit Heftklammern (Tacker) befestigen.

Als **Gautschfilze oder -tücher** dienen alte Wolldecken, die das Wasser gut aufsaugen und von denen sich die nassen Papiere gut lösen lassen. Sie sollten für A4 etwa 35 cm x 25 cm groß sein. Allzweck-Bodentücher sind gut geeignet, weil man sie waschen und im Wäschetrockner trocknen kann.

Ideal sind **Windeleinlagen**, sie werden nach jedem geschöpften Papier aufgelegt und mit dem geschöpften Papier zusammen zum Trocknen auf der Wäscheleine angeklammert.

Vor dem Aufhängen muss der Packen (ca. 20 Blätter) des geschöpften Papiers gepresst werden. Eine **Buchbinderpresse** eignet sich bestens. Alternativ zwischen zwei beschichtete Bretter legen und mit Steinen oder dem eigenen Körpergewicht belasten (siehe Seite 12). Auch ein Nudelholz eignet sich.

Eine **Sprühflasche** benutzt man, wenn das Gautschtuch oder der Filz nicht nass genug ist, denn sonst löst sich das geschöpfte Papier nicht vom Sieb.

Einen **Naturschwamm** benutzt man, um das Wasser auf dem Sieb beim Abgautschen und um die Abgautschstelle aufzusaugen, er wird nicht für andere Putzarbeiten benutzt!

Der **Messbecher** dient zum Nachfüllen von Wasser oder Pulpe (Faserbrei) in der Bütte.

PAPIER SCHÖPFEN

GRUND**WISSEN**

Von der Pulpe zum Papier: Handgeschöpftes Papier braucht keine Leimzusätze. Durch die leichte Schüttelbewegung nach dem Herausheben des Schöpfrahmens aus der Bütte verbinden sich die feinen Fasern.

Papier tintenfest und glatter machen: Will man das Papier beschreibbar machen, ist ein Zusatz von Kunstharzleim, Tapetenkleister oder synthetischem Papierleim zu empfehlen. Zu 500 g Zellulose, das ergibt 10 l Faserbrei, 2/3 Joghurtbecher Kunstharzleim oder Tapetenkleister hinzufügen.
Tonerde oder Pottasche machen das Papier glatter, auf 500 g Zellulose mit 10 l Wasser kommen vier Suppenlöffel.

Hinweis

◆ Bei den provisorischen Schöpfrahmen werden die Papierränder mangels Deckelrahmen unregelmäßig.

PANNENHILFE

◆ Ist das Sieb nicht straff gespannt, entsteht eine Vertiefung. Das hat zur Folge, dass das Papier in der Mitte dicker ist und gegen den Rand dünner und ausgefranst wird.

◆ Ist der geschöpfte Faserbrei auf dem Sieb weniger als 1,5 mm dick, lässt er sich schwer abgautschen und vom Gautschtuch lösen. Es muss Faserbrei hinzugegeben werden. Auch während des Schöpfens verbraucht sich der Faserbrei. Je dicker der Faserbrei umso dicker die Papiere.

◆ Ist ein Blatt sehr dünn, kann ein zweites Blatt direkt darauf abgegautscht werden, die Blätter verbinden sich beim Pressen.

◆ Ist der Faserbrei zu dick, einige Liter entnehmen und Wasser nachfüllen.

◆ Ist man mit dem Schöpfergebnis unzufrieden, lässt sich der Faserbrei wieder vom Sieb lösen, indem man es umdreht und leicht auf die Oberfläche des Faserbreis in der Bütte auflegt. Danach das Sieb unter fließendem Wasser abspülen.

◆ Sind nach dem Abgautschen Blasen im Papier, liegt es daran, dass das Abgautschtuch nicht nass genug war. Die Blasen lassen sich mit einer Nadel oder Pinzette aufstechen.

◆ Für alle, auch die provisorischen Schöpfrahmen, nur rostfreies Material verwenden. So werden auf dem Gautschtuch und dem Papier Rostflecken vermieden.

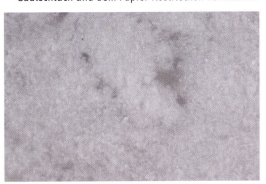

◆ Wenn die Pulpe beim Schöpfen nicht auf dem Sieb haften bleibt, kann dies auch an kalkhaltigem Wasser liegen. Oft hilft dann, einen Tropfen Spülmittel in die Schöpfmasse hinein zu geben.

WORKSHOP

MATERIAL
SCHÖPFSIEB
- je 2 Holzleisten aus Tannen-, Buchen- oder Lärchenholz, 25 mm x 20 mm x 150 mm und 25 mm x 20 mm x 250 mm
- 4 Nägel, 3 mm x 40 mm (verzinkt)
- Polyestersieb (siehe Bezugsquellen) oder Fliegengitter (Metall), 245 mm x 185 mm
- Gewebeband extra Power weiß, 19 mm breit

DECKELRAHMEN
- Holzleiste aus o. g. Holz, 40 mm x 30 mm. Diese Leiste vom Schreiner im Profilschnitt und auf Gehrung zuschneiden lassen. Je 2 Leisten auf ein Innenmaß von 210 mm und auf 150 mm verwenden
- 4 Nägel, 3 x 40 mm (verzinkt)
- Rahmenspanner oder eine Schnur und Spannhölzchen

WERKZEUG
- Hammer
- Ahle
- Winkelmaß
- Heftmaschine (Tacker) mit rostfreien Klammern zum Auftackern des Siebes.
- wasserfester Holzleim
- Schleifpapier (mittel)
- Bootslack
- Flachpinsel, 2 cm bis 3 cm breit

Herstellung eines SCHÖPFRAHMENS

Es ist nicht schwer, einen Schöpfrahmen selbst zu bauen. Es ist wichtig, hier nur rostfreies Material zu verwenden, da sonst auf dem Gautschtuch und dem Papier Rostflecken auftauchen. Dieser Schöpfrahmen in A5 besteht aus einem Sieb- und einem Deckelrahmen. Bleistift, Maßstab oder Lineal und Holzsäge sind nötig, wenn das Holz erst zugeschnitten werden muss. Zusätzlich braucht man eine Gehrlade bzw. eine Gehrungssäge für den Deckelrahmen.

Schritt für Schritt erklärt

1 Löcher bohren
Schöpfsieb: In die 250 mm langen Leisten je 10 mm vom Rand mit der Ahle Löcher machen.
Deckelrahmen: Das Innenmaß beträgt wie beim Schöpfsieb 210 mm x 150 mm, das Außenmaß 250 mm x 190 mm. Die in Gehrung geschnittenen Leisten wie beim Schöpfsieb bohren.

2 Leisten zusammenleimen
Schöpfsieb: Die 150 mm langen Leisten zwischen die 250 mm langen Leisten legen, verleimen und mit den Nägel zusammenfügen. Mit dem Schleifvlies anschleifen. Bootslack auftragen und trocknen lassen. Deckelrahmen: Die Leisten des Deckelrahmens verleimen, dann wird der Rahmenspanner bzw. die Schnur mit den Spannhölzchen angelegt.

3 Sieb am Rahmen befestigen
Schöpfsieb: Das zugeschnittene Polyestersieb oder Fliegengitter mit dem Klebeband umkleben. Dann mit Heftklammern (Tacker) auf dem Rahmen befestigen. Beim Auftackern das Sieb straff ziehen, am besten zu zweit arbeiten.
Deckelrahmen: Nach dem Trocknen des Leims, nach ca. 24 Stunden, wird der Rahmen mit dem Schleifpapier angeschliffen und der Bootslack aufgetragen.

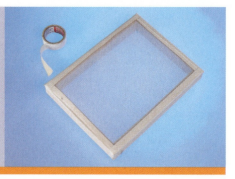

Papier SCHÖPFEN

Um schöpferisch tätig zu werden, sind Experimentierfreude und spielerische Unbefangenheit gute Voraussetzungen. Kinder können es bereits ab drei Jahren ausprobieren und bringen fantasievolle Papiere zustande, sofern man ihnen einen Freiraum gewährt, der spielerisch zur Kreativität führt. Die Anwendung verschiedener Schöpftechniken lässt unendliche gestalterische Möglichkeiten zu. Aus Altem, das aufgelöst wird, entsteht Neues im schöpferischen Prozess.

Ausgangsmaterial

Als Grundmaterial kann man Zellstoff nehmen (50 g Zellulose auf 1 l Wasser), Zellstoff ist pulverisiert oder als Platte erhältlich, ebenso Baumwolle (Linters). Die Zellstoffplatten werden in kleine Stücke gerissen (ca. 3 cm x 3 cm) und in einen mit Wasser gefüllten Eimer gelegt. Mindestens 24 Stunden einweichen.

Schritt für Schritt erklärt

1. Ausgangsmaterial vorbereiten

Um den Faserbrei (Pulpe) vorzubereiten, braucht man eine Bohrmaschine mit einem Farbrühraufsatz. Damit den zerrissenen, eingeweichten Zellstoff nochmals zerkleinern. Mit einem Mixer oder Stabmixer den Zellstoff fein mahlen. Im Mixer sollte das Verhältnis 1 (Pulpe) zu 3 (Wasser) sein. Immer die Hand auf den Deckel des Standmixers legen!

2. Vorbereitung

In die Pulpe gibt man dann, falls gewünscht, Zusätze, damit das Papier tintenfest wird (Seite 9). Das Sieb vor dem ersten Schöpfgang nass machen, damit sich das Blatt besser abgautschen lässt. Mit der Hand den Faserbrei (Pulpe) umrühren.

3. Schöpfen

Das komplette Schöpfsieb (Sieb- und Deckelrahmen) wird auf den Seiten gehalten und von hinten nach vorne bewegend eingetaucht (geht aber auch umgekehrt) und waagerecht aus der Wanne (Bütte) gehoben. Dann leicht schütteln. Den Deckelrahmen schnell und vorsichtig abheben, dabei darauf achten, dass keine Wassertropfen auf das Blatt fallen. Das Sieb schräg halten, damit noch Wasser ablaufen kann.

WEITERES AUSGANGSMATERIAL

Auch Pflanzen sind fürs Papiermachen geeignet, siehe Seite 14. Außerdem sind für die Papierherstellung Recyclingmaterialien wie Eier- oder Obstkarton, altes Schreib-, Zeichen-, Computer-, Ton-, oder Geschenkpapier, Zeitungen etc. geeignet. Alle beschichteten oder Folienpapiere sind ungeeignet. Von den Eierkartons die Etiketten entfernen. Auch dieses Material muss in kleine Stücke gerissen und eingeweicht werden. Am besten gleich alles nach Farben in Extraeimern sortieren.

Tipps & Tricks

◆ Wenn das Sieb nicht ganz straff ist, kann man ein Polyestergewebe mit einem nicht zu heißen Föhn straff machen (kreuzweise darüber föhnen).

◆ Den Schöpfrahmen nach Gebrauch immer gründlich abwaschen.

◆ Mit dem Sieb sorgfältig umgehen, damit es keine Druckstellen kriegt. Die Spannung lässt nach und in den Druckstellen sammelt sich die Pulpe. Dadurch wird das Papier unregelmäßig.

Fortsetzung „Papier schöpfen"

WORKSHOP

Fortsetzung „Papier schöpfen"

Abgautschen

4 Ein Brett in der Größe der Gautschtücher und der Presse liegt zuunterst (Bodenbrett). Darauf werden zwei sehr nasse Gautschtücher und eine Windeleinlage gelegt. Nach dem Schöpfvorgang und dem Abnehmen des Deckelrahmens dreht man das Sieb um und drückt es in einer Art rollenden Bewegung von rechts nach links auf die Unterlage, damit hat sich das Papier vom Schöpfsieb gelöst.

Weitere Blätter ablegen

5 Dann wieder eine Windeleinlage auflegen, das nächste Blatt schöpfen, abgautschen usw. Nach fünf Blättern und Windeleinlagen wieder ein Gautschtuch auflegen. Nach 20 Blättern (einem Pauscht oder Packen) zwei trockene Gautschtücher und zum Schluss ein Deckbrett auflegen.

Hinweis

♦ Handgeschöpfte Papiere kann man schneiden und reißen. Gerissene handgeschöpfte Papiere wirken wie Büttenpapier. Dazu legt man ein Lineal an, zeichnet mit einem feinen Strich die Linie an, fährt mit dem Falzbein darüber, macht diese mit einem feinen Pinsel nass und reißt dann vorsichtig am Lineal entlang das Blatt auseinander.

Pressen

6 Beim Pressen darauf achten, dass farbige Blätter nach Farben und nicht gleichzeitig mit weißen gepresst werden, es kommt sonst zu Verfärbungen. Papiere mit Einschlüssen oder Prägungen immer einzeln oder mit Zwischenbrettern pressen.

Trocknen

7 Die gepressten Blätter mit den Windeleinlagen an der Leine festklammern. Man kann die Blätter, nachdem sie gut angetrocknet sind, mit dem Bügeleisen glätten. Will man betonen, dass die Papiere handgeschöpft sind, kann man die getrockneten Blätter zwischen trockene Gautschtücher unter die Presse legen, damit sie glatt aber nicht platt werden.

PROFITIPP

Personenpresse

Zur Lockerung der Schultern, zur Aufheiterung und zur Abwechslung bietet sich das Pressen der Papiere im Freien an. Dort wird durch das eigene Gewicht in einer „Personenpresse" das Wasser herausgepresst. Legt man den Pauscht auf dem darunterliegenden Pressbrett auf einen Wasserabfluss im Boden, so läuft das Presswasser gleich in den Abfluss. Auch auf Steinboden kann gut beobachtet werden, wie viel Wasser durch leichtes Kreisen und Treten auf dem Pressbrett aus den frisch geschöpften Vliesen herausläuft.

PAPIER SCHÖPFEN

Nach dem Papierschöpfen

Sieb- und Deckelrahmen nach Gebrauch sofort reinigen. Durch ein Haarsieb den restlichen Faserbrei abgießen. Es soll keine restliche Pulpe in den Ausguss oder das WC geschüttet werden. Erstens droht Verstopfungsgefahr, zweitens belastet es die Umwelt. Restlicher Faserbrei kann zum Trocknen ausgelegt, in Plastikbeuteln im Tiefkühler oder in fest verschlossenen Gläsern aufbewahrt oder für Reliefs verwendet werden (s. Beschreibung Papier gießen rechts).

Papier gießen

◆ Mit der restlichen Pulpe kann man kleine Plastikförmchen füllen, dabei fest hinein drücken. Noch schöner wirkt das Objekt, wenn man getrocknete Blüten, Glitzer oder andere schmückende Elemente unten in die Form legt. Die Pulpe in der Form gut austrocknen lassen. Dann vorsichtig aus der Form lösen.

Hinweis

◆ Die geschredderten Geldscheine wurden von der Bundesbank zur Verfügung gestellt. Auch übriggebliebene ausländische Währung kann man schreddern. Der Effekt ist faszinierend.

STREUmuster

Der Reiz der Streumuster liegt darin, dass man in unzähligen Varianten ein oder mehrere Materialien einstreuen kann und immer neue Effekte erzielt.

Man kann sehr schöne Papiere schöpfen, indem man Materialien in die Bütte streut. Geeignet sind Glimmer, geschredderte Bunt- oder Geschenkpapiere, Banknoten, Notenblätter, Konfetti, klein geschnittene Gräser, Flachs, Hanf, Jute, Stroh, Blütenblätter, Sägespäne und vieles mehr.

In eine vorbereitete Bütte beispielsweise Rosenblätter schütten und gut umrühren. Den Schöpfrahmen eintauchen und das Blatt abgautschen. Die Windeleinlage darauf legen und mit dem Schöpfen fort fahren.

Diese Art Papier zu schöpfen bedeutet, Zufälliges zu akzeptieren. Wenn man die Verteilung von Rosenblättern ein bisschen mitbestimmen will, bleibt die Möglichkeit, an den erwünschten Stellen einige Rosenblätter aus der Bütte auf das geschöpfte Papier zu legen und dann abzugautschen.

WORKSHOP

Hinweise

◆ Soda beschleunigt den Prozess des Aufschließens (die Zellulose wird aus den Pflanzen gelöst).

◆ Wenn der Faserbrei in der Bütte immer dünner wird, sollte man den restlichen Faserbrei durch ein Haarsieb abgießen. Den Rest auf keinen Fall in den Ausguss oder das WC schütten, hier droht Verstopfungsgefahr!

PFLANZENpapiere

Der Reiz der Pflanzenpapiere

Genau wie Zellstoff oder Recyclingmaterial kann man das pflanzliche Ausgangsmaterial fein oder grob ausmahlen und erhält entsprechend regelmäßig feine oder grobe Papiere. Das Reizvolle an Pflanzenpapier ist die Mischung zwischen feinen und grob ausgemahlenen Anteilen. So werden immer neue Wirkungen erzielt. Eine Bütte mit reiner Pflanzenpulpe ist schnell ausgeschöpft. Man kann allerdings noch Zellstoff hinzufügen und erreicht eine neue Wirkung durch das Mischen beider Materialien.

Für Pflanzenpapiere eignen sich vor allem langfaserige Pflanzen. Sie können getrocknet oder frisch verwendet werden. Zunächst werden sie gesäubert und in ca. 3 cm lange Stücke zerkleinert. Getrocknete Pflanzen ca. 24 Stunden einweichen.

Papier aus fein gemahlenem grünem Spargel

Spargelschalen

Spargel

Papier aus weißen Spargelschalen

Fasern bearbeiten, Pulpe aufbereiten

Die Pflanzen in einem Stahl- oder Emailtopf zwischen einer und fünf Stunden kochen und Soda hinzugeben. Auf eine trockene Pflanzenmenge von 500 g werden 50 g Soda dem Wasser beigegeben. Fühlen sich die Pflanzen beim Verreiben schmierig an, ist der Kochprozess beendet. Nach dem Abkühlen das Fasergut unter laufendem Wasser ausspülen.

Mixen oder Fasern zerhämmern

Die Fasern mit der Bohrmaschine mit einem Farbrühraufsatz und dann mit einem Mixer oder Stabmixer zerkleinern. Die frischen Triebe von Feigen-, Haselnuss- oder Maulbeerbaum werden in einem Leinensack mit einem Holzhammer geschlagen und dann evtl. im Mixer noch feiner gemahlen. Schwer zu zerkleinernde Fasern kann man durch einen Fleischwolf drehen.

PAPIER SCHÖPFEN

Wie lange müssen die Pflanzen gekocht werden?

Diese Pflanzen können direkt mit Soda zwischen ein bis zwei Stunden gekocht werden. Sie sind zum Trocknen und Aufbewahren geeignet, müssen dann aber vor dem Kochen 24 Stunden eingeweicht werden:

- Artischockenblätter
- Bananenschalen
- Brennnesseln
- Lauch
- Lilienblätter
- Maisblätter
- Möhrenschalen
- Nesseln
- Palmblätter
- Schilfgras
- Spargelschalen (weiß und grün)
- Stroh
- Tulpenblätter
- Zwiebelschalen

Die frischen Triebe von Feige, Haselnuss oder Maulbeerbaum werden geschält und die Faserstreifen 24 Stunden oder länger eingeweicht, bevor sie fünf Stunden gekocht werden.

Diese Materialien sind bearbeitet erhältlich (haarähnlich) und müssen klein geschnitten und idealer Weise mit Zellstoff zusammen verarbeitet werden.

- Sisal
- Hanf
- Jute
- Flachs

Tipps & Tricks

◆ Einen guten Effekt erzielt man, wenn die Pulpe zur Hälfte aus Pflanzen und zur anderen Hälfte aus Zellulose oder Papier besteht. Das Mischungsverhältnis lässt sich beliebig variieren.

◆ Auch Pflanzenpapier können Sie einfärben und mit anderen in diesem Kapitel gezeigten Techniken kombinieren.

Was ist anders beim Schöpfen?

Das Prinzip des Papierschöpfens bleibt gleich. Wenn Fasern über den Rand des Schöpfrahmens hinausgehen, kann man trotzdem abgautschen. So entstehen sehr individuelle Blätter.

Da bei Naturmaterialien oft Spannungen im geschöpften Blatt entstehen, kann es sich stark zusammenziehen. Man lässt es besser nicht ganz auf der Leine trocknen, sondern legt es zwischen Zeitungen, die aber nach einigen Stunden gewechselt werden müssen. Weil Druckerschwärze abfärbt, ist es ratsam, ein weißes, gut saugendes Papier oder Tuch darunter und darüber zu legen.

Ob man handgeschöpfte Papiere prinzipiell glätten (plätten, bügeln) soll oder nicht, ist eine Frage des persönlichen Geschmacks. Bei Papieren aus Naturmaterial ist es nicht ratsam.

WORKSHOP

PULPE einfärben

Tipps & Tricks

◆ Überlegen Sie beim Kauf der Farben im Voraus, ob sie lichtecht bzw. farbecht sein sollen. Falls Sie keine farbechten Farben benutzen, sollten Sie sie vor zu viel Licht und damit vor dem Ausbleichen schützen.

◆ Fixiermittel nach Vorschrift und erst nach dem Einwirken der Farbe (24 Std.) in die Pulpe geben.

Recycling-Papiere haben bereits eine Einfärbung. Diese kann mit Zellstoff aufgehellt oder mit einem Zusatz von Farbe verändert werden. Alle Pflanzen enthalten Farbstoffe. Viele bleichen sofort aus oder verändern sich, und sie sind nie so kräftig wie echte Pigmente. Ideal ist die Beigabe von Chemiepigmenten, diese sind noch kräftiger und im Fachhandel erhältlich. Sie werden nach Vorschrift aufgelöst und direkt der vorbereiteten Pulpe beigemischt. Dies sollte ca. 24 Stunden vor dem Schöpfen geschehen. Wenn die Farben nicht lang genug in den Zellstoff einziehen, bleiben weiße Pünktchen in der Pulpe. Auf 1 kg Zellstoff rechnet man 1 ml Pigment, soll die Farbwirkung verstärkt werden, kann man den Zusatz von Pigment beliebig erhöhen.

ZUM EINFÄRBEN SIND FOLGENDE MATERIALIEN GEEIGNET:

- Seidenpapier
- Papierservietten
- Krepppapier
- Textilfarben
- Lebensmittelfarben
- Rotbuschtee- oder schwarzer Tee
- Kaffee
- Paprika-, Curry- oder Kurkumapulver in heißes Wasser einrühren
- Brühe von ausgekochten Zwiebelschalen
- Brühe von gekochter Roter Beete
- Rot-, Blau- und Gelbholz

Diese Farben sind bis auf einige Textilfarben nicht farbecht.

PAPIER SCHÖPFEN

BICOLORpapier

Bicolorpapier hat auf der Rückseite eine andere Farbe als auf der Vorderseite. Damit kann man Fenster aufschneiden und umklappen, also eine einfache Art der Lacé-Technik anwenden. Sie können aber auch einmal Pulpe mit Streumuster und einmal unifarbene Pulpe verwenden. So können Sie Karten ohne Einlegeblatt direkt beschriften.

Schritt für Schritt erklärt

Erste Schicht
Um ein Blatt mit zwei verschiedenen Farb- oder Materialseiten zu schöpfen, bereitet man zwei Bütten mit unterschiedlichen Farben oder Materialien vor. Zuerst den Arbeitsplatz vorbereiten und das erste grüne Blatt schöpfen und abgautschen. Den Schöpfrahmen gründlich abwaschen.

1

Zweite Schicht
Für die zweite Schicht dann das rote Blatt schöpfen und direkt auf das erste Blatt abgautschen, sodass es nicht überlappt.

2

Nachbereitung
Nach Grundanleitung auf Seite 11 andere Papiere schöpfen, abgautschen und pressen. Zweifarbige Blätter immer einzeln pressen, damit es keine Verfärbungen gibt.

3

Tipps & Tricks

◆ Achten Sie schon beim ersten Blatt darauf, dass der Arbeitsplatz nicht zu nass wird. Mit dem Schwamm das farbige Wasser aufnehmen und den Schwamm sofort auswaschen.

◆ Will man die Blätter präzise aufeinander abgautschen, markiert man mit Malerklebeband die Linie, an die der Siebrahmen zum Abgautschen aufgesetzt werden muss.

◆ Diese Technik lässt unzählige Varianten zu, da man nicht nur unterschiedliche Farben sondern auch verschiedenen Materialien kombinieren kann, zum Beispiel eine Seite mit eingefärbtem Zellstoff und die andere Seite aus Naturmaterial.

◆ Papiere aus Naturmaterialien halten über lange Zeit den Eigengeruch der Pflanzen. Auch eingeschöpfte Materialien wie Rosenblätter lassen das Papier duften.

PROFITIPP

Duftpapier
Um ein Duftpapier herzustellen, gibt man dem Faserbrei eine beliebige Menge von Parfüm bei. So kann man beispielsweise die Wirkung von Papier mit Rosenblättern noch mit einem Rosenparfüm unterstreichen.

WORKSHOP

Hinweise

◆ Da die Pulpe nass ist, fließt die Farbe der einen Schicht auf die andere. Aus diesem Grund sollte beispielsweise die direkte Kombination von Grün und Rot vermieden werden, da sonst schmutzige Brauntöne entstehen.

◆ Auch bei dieser Art zu Schöpfen lässt sich das Ergebnis nicht bis ins Detail beeinflussen. Besser, man lässt sich von zufälligen Formen überraschen und inspirieren.

MEHRFARBIGE Papiere

Um mehrfarbige Papiere zu schöpfen, sollte man schon etwas Erfahrung gesammelt haben. Auch hierbei können verschiedene Farb- oder Pflanzenmaterialien vorbereitet werden. Für jeden Arbeitsschritt braucht es eine eigens vorbereitete Bütte. Und nach jedem Schöpfen muss das Sieb abgewaschen werden.

Schritt für Schritt erklärt

Trägerpapier und zweite Schicht

Die sicherste Art besteht darin, dass man zuerst ein Blatt mit der hellsten Farbe schöpft und es als Trägerpapier abgautscht. Das Sieb abwaschen. Bei der nächsten Bütte den Schöpfrahmen ungefähr zu Zweidritteln eintauchen und abgautschen. Abermals das Sieb abwaschen.

1

Dritte Schicht

Als dritte Schicht noch einen schmalen Streifen schöpfen und diesen abgautschen.

2

Schöpferische Landschaften

Nimmt man das Schöpfsieb hoch, zeigt sich jeweils eine neue Kreation. Je nach Farbgebung entstehen Hügellandschaften, Wüstenlandschaften oder Meer und Strand.

3

Variante

Es gibt eine andere Möglichkeit, eine mehrfarbige Schöpfkomposition zu erreichen. Man schöpft ein erstes Blatt und gautscht es ab. Dann wird der Schöpfrahmen von einer Seite in den nächsten Faserbrei getaucht, um 180 Grad gedreht und in eine weitere Bütte getaucht. Erst dann abgautschen. Dieses Vorgehen hat allerdings einen Nachteil: Bei dieser Technik werden Faserteilchen von einer Bütte in die nächste übertragen und die Farben sind nicht mehr rein.

PAPIER SCHÖPFEN

Papier PRÄGEN

Womit kann man prägen?

Zum Prägen eignet sich eine Vielzahl an Gegenständen. Sie sollten stark strukturiert, aber nicht scharfkantig sein. Außerdem sollten sie 3 mm bis 8 mm stark sein. Von einfachen Büroklammern, Bleistiften, Pinsel und Schere bis hin zu strukturierten Materialien und Modeln gibt es viele Möglichkeiten.

Um die interessante Maserung von einem Holzbrett als Prägung abzunehmen, wird die nicht mit Wasser verdünnte Pulpe direkt auf das Holz gegossen. Trockene Gautschtücher auflegen und darauf ein Brett legen. Mit dem eigenen Körpergewicht beschweren und das Wasser rauspressen. Dann trocknen lassen.

Mit Backmodeln, wie zum Beispiel Springerle-Formen, können sehr originelle und aussagestarke Objekte geprägt werden. Nicht zu dicke Back-Model kann man auf ein Brett legen, darauf ein bereits trockenes Blatt platzieren, und wie oben beschrieben vorgehen. Mit Hilfe eines zerknüllten und nassen Papiertaschentuchs das Papier in die Form drücken und dieses oder mehrere gleich zum Pressen mit hinein drücken.

Auch hier kann man kreativ werden: Mit Schnur, die auf einen festen Karton geklebt wird, lassen sich Schriftzüge schreiben und anschließend prägen. Eine weitere Möglichkeit ist, filigrane Motive auf Karton zu übertragen. Wer gerne modelliert, kann das Papier auch mit reliefartigen Figuren prägen. Verwenden Sie dann keine wasserlösliche Modelliermasse.

Wie geht man vor?

Eine Prägung bedeutet, dass ein nicht zu dünnes handgeschöpftes Papier eine erhabene oder vertiefte Oberfläche erhält. Klebt man diese mit einem Kontaktkleber auf einen starken Karton oder eine 3 mm dünne Pavatexplatte, kann das Prägematerial nicht verrutschen, und es können mehrfach immer gleiche Prägungen gemacht werden. Ein frisch geschöpftes, abgegautschtes und gepresstes Papier mit der Windeleinlage sorgfältig auf das vorbereitete Prägematerial legen. Von der Mitte aus das Papier andrücken. Um das Prägematerial wird eine Extraschicht Gautschtücher gelegt.

FOLGENDE REIHENFOLGE BEACHTEN:
- Bodenbrett
- ein trockenes Gautschtuch
- Pavatexplatte mit dem Prägematerial, Papier und Extra-Gautschtüchern
- drei trockene Gautschtücher
- Deckbrett

Jetzt kann der Stapel unter die Presse. Nach dem Pressen werden die Gautschtücher entfernt. Das Papier bleibt bis es trocken ist auf dem Prägematerial liegen.

Hinweise

◆ Auch bereits getrocknete Papiere können zum Prägen verwendet werden. In diesem Fall wird das trockene Papier auf das Prägematerial gelegt und mit Wasser stark eingesprüht, ansonsten bleiben die Arbeitsschritte gleich.

◆ Model können Sie in Haushaltsgeschäften auf Flohmärkten, aber auch in Museumsshops finden.

◆ Nicht immer muss das Papier anschließend in die Presse. Sollte das Prägematerial zerbrechlich sein, kann man darauf verzichten. Das Papier wird dadurch etwas weniger fest.

Tipps & Tricks

◆ Ähnlich wie beim Prägen von Papier geht man beim Gießen von Papier vor. Die Anleitung dazu finden Sie auf Seite 13.

◆ Sie können auch grob- und feinmaschige Gewebe, Kunststoff und Metall sowie Tischsets oder Untersetzer zum Prägen benutzen.

WORKSHOP

ZUSÄTZLICHE MATERIALIEN
- Spritzschutzsieb aus dem Haushalt
- Teller

Tipps & Tricks

◆ Besonders schön als Einlage beim dreidimensionalen Schöpfen sind gepresste Blumen, beispielsweise Stiefmütterchen.

◆ Sollte der Trockenvorgang zu lange dauern, können Sie einen Föhn zu Hilfe nehmen.

◆ Außer Tellern können Sie Schalen, Schüsselchen und Backformen mit nicht allzu harten Kanten verwenden.

◆ Falls ein Papierkreis zu dünn ist oder beschädigt wurde, kann ein zweites Blatt nur zur Hälfte aufgeschöpft werden. Die beiden Schichten verbinden sich durch das Pressen problemlos.

Papier DREIDIMENSIONAL SCHÖPFEN

Ähnlich wie beim Prägen kann man auch Teller und Schalen aus geschöpftem Papier formen.

Schritt für Schritt erklärt

1 Rund schöpfen
Aus einer großen Schöpfwanne mit dem Spritzschutzsieb ein rundes Papier schöpfen. Das Sieb auf den Wannenrand legen und nach Wunsch Blüten in die Pulpe legen.

2 Vlies auflegen
Auf das Blatt ein großes Windelvlies oder ein Spültuch legen und vorsichtig andrücken.

3 Abgautschen
Wie beim Kuchen- oder Puddingstürzen wird das Werk auf ein vorbereitetes Gautschtuch abgegautscht. Auf der Rückseite des Siebes mit einem nassen Lappen das Papier auf den Untergrund andrücken. Das mit abgegautschte Spültuch glatt ziehen. In Schichten können weitere Papiere abgelegt werden, bis ein Pauscht (Packen) runder Papiere da liegt.

4 In den Teller formen
Das Papier nach Anleitung auf Seite 12, Schritt 6 pressen. Nach dem Pressen das Papier in noch feuchtem Zustand in den Teller legen und leicht andrücken. Das Papier im Teller trocknen lassen und vorsichtig herausnehmen.

PAPIER SCHÖPFEN

WASSERzeichen

Tradition von Wasserzeichen

Handgeschöpfte Papiere sind originell, aber Wasserzeichen geben dem Papier eine eigene Faszination. Hält man handgeschöpfte Papiere mit einem Wasserzeichen gegen das Licht, kann man Schriften, Porträts oder Bilder erkennen.
Die ältesten Wasserzeichen stammen aus Italien und gehen auf Mitte des 12. Jahrhunderts zurück. Man wollte damit ein Gütemerkmal schaffen, sich gegen Fälschungen wehren und einen Steuernachweis ermöglichen. Qualitätspapiere erkennt man noch heute an ihren Wasserzeichen.

Hinweis

◆ Noch heute finden sich aus Gründen der Fälschungssicherheit Wasserzeichen in Geldscheinen und Briefmarken. Oft werden durch Vertiefungen und Erhöhungen sogar Zwischentöne erzielt.

Tipps & Tricks

◆ Die ersten Wasserzeichen entstanden in Bologna. Man kann an ihnen ablesen, von welcher Papiermühle das Papier stammt. Echte Wasserzeichen werden auch bei der industriellen Fertigung im Prinzip wie beschrieben gefertigt. Unechte Wasserzeichen werden nachträglich mit Transparentmassen, zum Beispiel Glycerin, Fettfarbträger oder Schwefelsäurepaste, aufgedruckt.

Vorgehensweise für ein eigenes Wasserzeichen

Zunächst wird überlegt, welche Form gestaltet werden soll. Das können die Anfangsbuchstaben der Namen, ein Tier oder eine Phantasieform sein. Die Form wird entworfen, gezeichnet und sollte nicht größer als 4 cm sein. Vorteilhaft sind weiche, runde Formen, die nicht zu eng verschlungen sind, weil sich die Zwischenräume nicht gut abgautschen lassen. Dann den Draht formen und mit dem Nylonfaden im Schlingstich aufnähen. Darauf achten, dass auch die Rückseite des Siebrahmens gut bearbeitet ist.

SIE BENÖTIGEN FÜR EIN WASSERZEICHEN FOLGENDES MATERIAL:
- Schöpfrahmen
- Zeichenpapier
- Bleistift und Radiergummi
- Kupfer- oder Messingdraht, ø 1 mm
- Spitzzange
- Nylonfaden oder Polyamid-Nähgarn
- dünne, stumpfe Nähnadel

Wie funktioniert ein Wasserzeichen?

Dort, wo das Wasserzeichen aufgenäht wurde, ist das Papier dünner und das Licht scheint (stärker) durch. Achten Sie daher darauf, dass die geschöpften Papiere möglichst dünn sind.

WORKSHOP

Hinweise

◆ Die Einschließungen können entweder geschlossen bleiben und wirken dann als Relief oder teilweise freigelegt werden.

◆ Bei der Tasche wurden Pistazienkerne eingeschlossen und das Relief wurde anschließend aufgerissen.

◆ Bei Fotos, Briefmarken, Noten, Bildern und Plakaten ist zumindest ein teilweises Freilegen nötig.

EINSCHLIESSEN, STRUKTURIEREN und AUFREISSEN

Es gibt unendlich viele schöpferische Möglichkeiten, die Oberfläche von handgeschöpften Papieren zu verändern.

EINE AUSWAHL DER MATERIALIEN, DIE MAN ZWISCHEN ZWEI PAPIERE EINSCHLIESSEN KANN:

- Bänder
- Banknoten
- Briefmarken
- Büroklammern
- Draht (Kupfer-, Silber- oder Blumendraht)
- Fäden (Seite 27 links oben)
- Gaze (evtl. eingefärbt)
- Gewebe, feine und grobmaschige
- Glimmer
- Gummiringe
- flache Kunststoffteilchen
- Obstnetze
- Pailletten
- Puzzleteile
- Rahmdeckelchen
- Spiel- und Eintrittskarten
- Spitze
- feingeschnittene Trinkhalme
- Wolle
- Ausschnitte von Noten, Bildern, Plakaten

NATURMATERIAL:
- feiner, dünner Bambus
- Bast
- getrocknete Blumen und Blätter (siehe Seite 27 links unten)
- Farn
- Federn
- Gewürze
- Gräser
- Haare
- Hobelspäne
- Jute
- Kiefernnadeln
- Mais- und andere Blätter
- Ringelblumen
- Sägespäne
- Sand
- Seidenstreifen
- Silbertaler
- aufgeschnittene Strohhalme
- Tee

PAPIER SCHÖPFEN

Beim Einschließen von Bildern und Fotos kann man einen Passepartouteffekt erzielen. Der leicht unregelmäßige Rand erhöht noch die edle Wirkung. Um keine allzu schiefen Kanten zu haben, muss man sehr sorgfältig arbeiten. Bei eingeschlossenen Federn und Gräsern fallen Unregelmäßigkeiten weniger auf.

Tipps & Tricks

♦ Nach jedem Arbeitsgang separat pressen, weil sich das Material sonst auf den weiteren Papieren abzeichnet.

♦ Will man nur eine Struktur mit der Einschließung erreichen, wird das Blatt nach dem Pressen zum Trocknen aufgehängt.

♦ Ein anderer Effekt entsteht, wenn man eingeschlossene Fäden oder Naturmaterial nach dem Pressen ganz oder teilweise heraus reißt.

♦ Soll nur ein Teil der Einschließung sichtbar sein, wird das Schöpfsieb nur teilweise eingetaucht und abgegautscht.

♦ Für einen grob umrandeten Ausschnitt sollte man das nach dem Pressen noch nasse Material auf der Einschließung seitlich wegrollen.

♦ Möchte man sich erst nach dem Trocknen entscheiden, welche Flächen freigelegt werden sollen, dann werden diese leicht befeuchtet und mit den Fingern oder einer Pinzette wird die obere Papierschicht weggenommen.

Schritt für Schritt erklärt

1 Einschluss auflegen
Das erste Blatt schöpfen und abgautschen. Dann das einzuschließende Material, hier ein Bild, auflegen.

2 Papier bedecken
Auf das Motiv ein an allen Seiten mindestens 1 cm kleiner zurechtgeschnittenes Stück Moosgummi oder Kunststofffolie legen. Das ist nur bei Papier notwendig, da es sich mit dem geschöpften Papier verbinden kann. Bei Fäden, Bändern, Körnern, etc. ein zweites Blatt schöpfen und direkt darauf gautschen.

3 Passepartout
Eine Windeleinlage auflegen und darauf zwei trockene Gautschtücher legen und pressen. Nach dem Pressen das Moosgummi und die obere Papierschicht mit einer Pinzette vorsichtig abheben. Dann zum Trocknen aufhängen.
Bänder und Naturmaterial erst nach dem Pressen und Trocknen aufreißen.

Variante

Sollen zwei Blätter aneinander gefügt werden, schöpft man auf einem entsprechend großen Gautschtuch zwei oder mehrere Blätter nebeneinander ab. Entsprechend lange oder breite, grobe oder feine Gewebe werden darüber gelegt, so dass sie eine Verbindung zwischen den einzelnen Blättern herstellen. Dann wird jeweils ein zweites Blatt auf das erste abgegautscht. Damit ist das Gewebe eingeschlossen und zudem eine Verbindung zwischen den Papieren geschaffen.

WORKSHOP

Tipps & Tricks

◆ Da die Farben fließen, gibt es Farbvermischungen. Will man sich nicht auf solche Experimente einlassen, kann man zwei Bütten mit der gleichen Farbe vorbereiten, jedoch in eine der Bütten Material einstreuen. Bereitet man zwei Bütten mit unterschiedlichem, fein gemahlenem Pflanzenmaterial vor, werden Struktur und Farbe von Pflanzenfasern bestimmt.

◆ Für den Entwurf des Motivs Bleistift und Radiergummi und zum Ausschneiden eine Schere bereitlegen.

Gestalten mit POSITIV- und NEGATIVFORMEN

Bei dieser Technik wird auf ein Blatt ein Motiv aufgeschöpft. Es entsteht eine Intarsienoptik.

Vorbereitung

Die Papiergröße muss dem Siebrahmen entsprechen. Das Motiv sollte eine möglichst runde Form haben und nicht zu klein sein, Ecken und Kanten möglichst vermeiden, da sie den Prozess erschweren.
Das Motiv mit einem dünnen Filzstift auf ein Stück Moosgummi übertragen, das die Größe des Siebrahmens hat. Dann das Motiv sorgfältig mit einer kleinen Schere oder einem Papiermesser ausschneiden.

Schritt für Schritt erklärt

Bütten vorbereiten
Zwei Bütten vorbereiten und alle nötigen Materialien und Werkzeuge richten (Bodenbrett, nasse Gautschtücher etc.).

1

Trägerpapier
Aus der farblich helleren Bütte ein Blatt schöpfen und als Trägerpapier abgautschen.

2

Das Negativ schöpfen
Die Negativform – statt des Motivs ist eine Lücke im Moosgummi – wird nass gemacht und in den Schöpfrahmen gelegt. Damit wird verhindert, dass Pulpe unter die Form geht. Beim Schöpfen sollte die Form festgehalten werden, damit sie nicht verrutscht, darum ist es ratsam, zu zweit zu arbeiten.

3

PAPIER SCHÖPFEN

Negativform abnehmen

4 Nach dem Schöpfen zuerst den Deckelrahmen abnehmen. Danach die Negativform vorsichtig mit einer Pinzette vom Sieb nehmen.

Säubern

5 Sollte sich noch Fasermaterial (Pulpe) an unerwünschten Stellen auf dem Sieb befinden, kann man diese vorsichtig unter fließendem Wasser abwaschen und wegwischen.

Negativ abgautschen

6 Danach auf das Trägerpapier abgautschen.

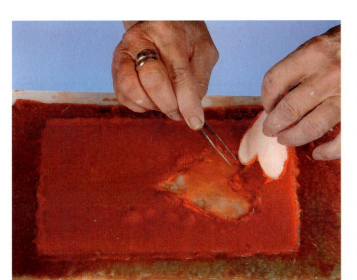

Positivform

Die Vorgehensweise ist sehr ähnlich wie bei der Negativform (siehe oben 1. u. 2.) Diesmal legt man das ausgeschnittene Motiv, die Positivform, auf den Schöpfrahmen, ansonsten bleiben die weiteren Arbeitsschritte gleich.
Auf diese Weise kann man auch Passepartouts schöpfen. Dafür ein beliebig großes Stück Moosgummi rund oder eckig ausschneiden. Das Moosgummi nass machen und auf den Schöpfrahmen legen. Dabei aus einem etwas dickeren Faserbrei schöpfen. Vorher kein Trägerpapier schöpfen!

Tipps & Tricks

◆ Sie können als Motiv einfach Ausstechformen abzeichnen. Wenn Sie vom Plätzchenbacken wissen, dass nichts abbricht, dann ist das Motiv gut für diese Technik geeignet.

◆ Wie man bei diesem Beispiel sieht, fließt immer ein wenig Farbe über das Motiv hinaus. Da sich das nicht vermeiden lässt, sollte man keine Komplementärfarben verwenden, sonst entstehen unschöne, schmutzige Brauntöne.

◆ Einen dezenten und sehr edlen Effekt erzielt man, wenn man grobe und sehr feine Pulpe kombiniert.

Freche Fadenkarte

Einen Bogen Papier nach Anleitung auf Seite 11 dick schöpfen. Auf das dick geschöpfte Papier unterschiedlich dicke Baumwollfäden legen. Durch das Pressen werden die Fäden mit dem Papier verbunden.

MOTIVGRÖSSE
ca. A6

MATERIAL
- Pulpe in Weiß
- Baumwollfäden in Gelb, Rot, Blau und Grün

IDEENINSEL

MOTIVGRÖSSE
ca. A6 + A5

MATERIAL
- Pulpe in Weiß
- getrocknete Blumen und Pflanzen, z. B. Stiefmütterchen, Kleeblatt

Blumige Karten

Die Karten werden unterschiedlich gefertigt: Das gepresste Stiefmütterchen nach dem Schöpfen eines Papiers auflegen. Durch das Pressen verbinden sich die Materialien.

Ganz links handelt es sich um die Einschließung eines Blattes (siehe Seite 22). Auch das leicht verdeckt liegende Papier ist so gearbeitet.

Das vordere und das vorletzte Papier zeigen eine halbe Einschließung: Auf das Trägerpapier Naturmaterial legen und ein halbes geschöpftes Papier auflegen.

Blaue Scheibe

Die Pulpe nach Anleitung auf Seite 16 blau einfärben. Mit einem runden Schöpfsieb, beispielsweise einem Spritzschutzsieb, ein rundes Blatt schöpfen. Zum Prägen des Musters ein Textil-Model verwenden.

Tipps & Tricks

◆ Falls Sie keine geeignete Model finden, können Sie auch Schnüre im Kreis legen oder kleine Figuren, zum Beispiel aus einem Überraschungsei, mitpressen.

MOTIVGRÖSSE
ca. ø 27 cm

MATERIAL
◆ Pulpe in Blau
◆ Model
◆ rundes Spritzschutzsieb als Schöpfrahmen

PAPIER SCHÖPFEN

MOTIVGRÖSSE
ca. 23 cm

MATERIAL
◆ Pulpe in Weiß
◆ ausgestanzte Herzen

Teller mit Herzchen

Die Teller nach Anleitung auf Seite 20 schöpfen. Auf das geschöpfte runde Blatt ausgestanzte Herzen legen. Nach Anleitung auf Seite 12 pressen. Das Blatt in einen Teller legen (Seite 20, Schritt 4) und so trocknen lassen.

2 BUNTPAPIER

Hinweise

◆ Für einige Buntpapiere braucht man Chemikalien, daher werden sie hier nicht erklärt. Sie können sich aber unter www.buntpapiererin.de einen Überblick verschaffen.

◆ Buntpapiersammlungen finden Sie in folgenden Museen:
– Staatliche Museen in Berlin – Kunstbibliothek,
– Museum für Angewandte Kunst Frankfurt am Main,
– Museum für Kunst und Gewerbe Hamburg,
– Deutsche Nationalbibliothek Leipzig – Papierhistorische Sammlungen
– Bayerisches Nationalmuseum München,
– Germanisches Nationalmuseum Nürnberg
– Deutsches Museum München

◆ Tunkpapier wird landläufig als „Marmorpapier" bezeichnet, da viele Muster den (Stein)Marmor imitieren. Die Bezeichnung Marmorpapier ist von der Herstellung aus gesehen allerdings irreführend.

Einführung und Geschichte

Unter Buntpapiergestaltung fasst man verschiedene dekorative Verfahren zusammen, mit denen man Papier einseitig oder auf beiden Seiten gestalten kann. Die am meisten verbreiteten Techniken sind Kleisterpapier und Öltunkpapier/Marmorpapier. Auf den Grundstoff wird zum Beispiel durch Streichen, Tunken oder Drucken eine Musterung aufgebracht.

Das Tunkpapier, aus China und Japan kommend, dort bekannt seit dem 8. Jahrhundert, gelangte über die Handelswege nach Indien und Persien und im 15. Jahrhundert auch nach Europa. Seit dieser Zeit fasziniert das Buntpapier die Gestalter, die Handwerker und die Betrachter.

Kleister-, Brokat-(Präge), Stempel-, Modeldruck- und Batikpapiere sowie viele Buntpapiere in Mischtechniken schmücken Bucheinbände und Buchvorsätze, Möbel, Musikinstrumente, Kassetten, Spiele und ganze Theaterräume wie zum Beispiel das Liebhabertheater in Schloss Kochberg (Thüringen).

BUNTPAPIER

Kleisterpapier GRUNDLAGEN

Wichtig ist die Einrichtung des Arbeitsplatzes in einem hellen, leicht zu lüftenden Raum ohne Durchzug und die Bereitstellung allen Zubehörs mindestens zwölf Stunden vor Arbeitsbeginn. So haben Papiere, Werkzeuge, Kleister und Farben die gleichen klimatischen Vorbedingungen. Fehlende Utensilien können ohne Hektik ergänzt werden.

Für jede Buntpapiertechnik bitte separates Werkzeug verwenden, es gibt sonst unschöne Nebeneffekte.

Grundausstattung für Kleisterpapier:

- Tisch oder Platte (aus Glas, Plexiglas), abwaschbar
- Eimer mit Schwamm/Pad zum Säubern der Platte
- Abfalleimer/ Abfalltüte
- Wellpappe oder Zeitungspapier zum Auslegen des Arbeitsplatzes und des Fußbodens.
- Schürze aus Stoff mit Bändern, die über dem Bauch gebunden werden können; in diese wird auf jeder Seite ein Handtuch eingesteckt. Die Handtücher dienen dem Trockenwischen der Oberfläche und dem Trocknen der Hände.
- Wäscheständer zum Trocknen der Papiere.
- Plastikfolie zum Abdecken der Umgebung und evtl. zum Auslegen einer Fläche für das Trocknen der Papiere.
- Großes flaches Kuchenblech zum Transport der feuchten Papiere.
- Nylonstrümpfe

PAPIER:
- Maschinen-, Vorsatz-, oder Büttenpapier, Zeichenpapier, mindestens 100-120 g/m²

PINSEL
- Flach-, Rund- und Spitzpinsel mit Naturborsten

FARBEN:
- Plaka-, Acryl-, Gouache- oder Aquarellfarben in Grundfarben, Schwarz und Weiß
- Tinte und Tusche

Das Anmischen der Farben gehört mit zum Wichtigsten bei der Gestaltung von Buntpapieren.

WERKZEUGE FÜR DIE MUSTERGESTALTUNG:
- Seidenpapier und Plastikfolie
- Spachtel aus Plastik, Metall, Holz und Plexiglas
- Kämme aus Gummi oder Pappe
- Tapetenrollen aus Gummi
- Modellierhölzer, Falzbein, Kienspan, Essstäbchen, Bambusrohr
- Stempel aus Gummi, Moosgummi, Holz, Linoleum

Tipps & Tricks

◆ Aus den Grundfarben Gelb, Rot und Blau sowie Schwarz und Weiß lassen sich nach einer Farbmischtabelle und eigenem Ausprobieren alle möglichen Farben mischen. Durch Weiß entstehen Pastelltöne: Weiß als Grundfarbe nehmen, eine andere Farbe vorsichtig dazu mischen. Mit Schwarz sparsam umgehen, da die Farben dadurch schnell sehr dunkel werden.

◆ Sie können auch selbst Stempel machen, indem Sie Spielzeug, Buchstaben, Ornamente und Korken kombinieren.

◆ Augen auf im Haushalt: Hier finden sich ideale, außergewöhnliche Utensilien, die zum Dekorieren des Papiers eingesetzt werden können. Zum Beispiel Nudelholz, runde Plastikbürsten, Blüten, Blätter, Mohnkapseln, Deckel, Ringe. Viel Spaß beim Experimentieren!

◆ Achten Sie auf eine korrekte Abfallentsorgung! Farben gehören nicht in den Hausmüll oder in den Abfluss. Dort belasten sie unser Trinkwasser. Farben und stark mit Farbe beschmutzte Zeitungen u. Ä. extra sammeln und in den Sondermüll geben.

WORKSHOP

Tipps & Tricks

◆ Den Kleister lieber etwas dicker herstellen, verdünnen ist möglich, verdicken mit Schwierigkeiten verbunden.

◆ Große Joghurtbecher und Gläser mit Schraubverschluss sind zum Anrühren des Kleisters und der Farben sehr gut geeignet.

◆ Weizenstärke eignet sich ebenfalls als Grundlage für Kleister. Er wird wie Reisstärkekleister hergestellt und hat ähnliche Eigenschaften.

◆ Die Pinselborsten kleben nach dem Auswaschen und Trocknen oft zusammen und sind recht steif. Kneten Sie den Pinsel daher vor Gebrauch gründlich durch.

KLEISTERpapier

Vorbereitungen

Man kann zwei verschiedene Arten von Kleister herstellen, Reisstärkekleister oder Glutolinkleister. Glutolinkleister erfordert weniger Aufwand in der Herstellung. Mit Weizen- oder Reisstärkekleister lassen sich feinere Muster anfertigen.

Herstellung des Reisstärkekleisters

Der Kleister muss mindestens zwölf Stunden, besser 24 Stunden vor Arbeitsbeginn angerührt werden. Für diese Arbeit sind Messbecher, Schalen und Eimerchen aus Plastik geeignet.
◆ Zunächst 5 Esslöffel Reisstärke mit kaltem Wasser sämig rühren.
◆ Dann 1 Liter Wasser zum Kochen bringen.
◆ Auf den sämig gerührten Kleister unter Rühren das kochende Wasser eingießen.
◆ Den Kleister abdecken und über Nacht ruhen lassen.

Herstellung von Glutolinkleister/Methylcellulose

Den Glutolinkleister nach Anleitung für feste Tapeten herstellen, auch hier ist eine längere Ruhe- und Quellzeit für den Kleister notwendig.

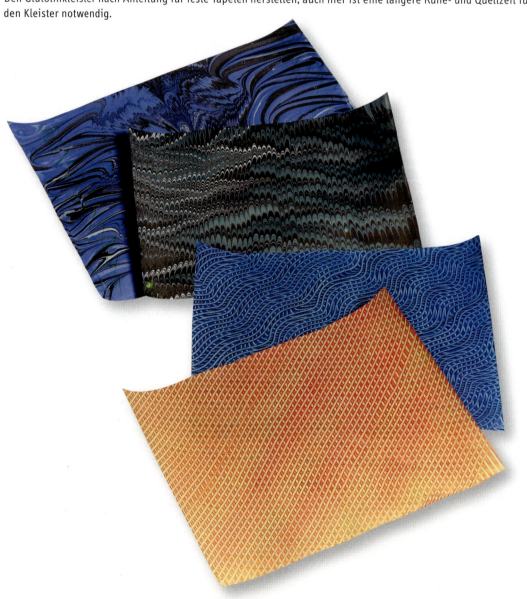

Schritt für Schritt erklärt

Kleister einfüllen
1 Ein Paar Nylonkniestrümpfe knoten, über den Messbecher stülpen und die vorbereitete Kleistermasse einfüllen.

Kleister durchseihen
2 Um Klümpchenbildung zu verhindern, wird die Kleistermasse durch den Strumpf in eine Plastikschale gedrückt. Es entsteht ein feiner, sämiger Kleisterbrei.

Farbe zufügen
3 In den Kleisterbrei Farbe einrühren. Hier muss man ausprobieren: nicht zu viel, sonst „erstickt" die Papieroberfläche an der Farbenschicht. Ein „Atömchen" Schwarz der jeweiligen Mischung zufügen, die Farben erhalten durch die Messerspitze Schwarz Strahlkraft.
Empfehlung: Auf zehn Esslöffel Kleisterbrei einen Teelöffel flüssige Farbe hinzufügen.

Papieroberfläche mit Kleister färben
4 Das Papier plan auf den Tisch legen, evtl. vorher nässen (siehe Tipps & Tricks). Mit raschem, festem Pinseldruck (siehe Handhaltung) den ersten Kleisterstrich in Laufrichtung des Papiers (siehe Seite 49) gerade aufstreichen. Mit den Pinselstrichen flott in das Papier gehen und es auch wieder mit Schwung verlassen. Zwischendurch den Pinsel immer wieder mit Kleister füllen.

Sternförmig einfärben
5 Danach das Blatt sternförmig, ebenfalls mit geraden Strichen, einfärben.

Tipps & Trichs

◆ Beim Farbemischen immer erst die helle Farbe in den Kleister geben, gut verrühren und danach die dunklere hinzufügen!

◆ Um das „Atömchen" Schwarz hinzuzufügen eignet sich ein Schaschlikstäbchen.

◆ An einem trockenen, warmen Tag empfiehlt es sich, das Papier vorher zu befeuchten.

Fortsetzung „Kleisterpapiere"

WORKSHOP

Fortsetzung „Kleisterpapiere"

Tipps & Tricks

◆ Bei Verwendung von Acrylfarbe erübrigt sich die Zugabe von Weißleim oder Bastelleim (Kunstharzdispersionsleime). Wenn Aquarell-, Plaka - oder Gouachefarbe verwendet wird, empfiehlt es sich, dem Kleister Kunstharzleim in Erbsengröße zuzufügen um den Abrieb des Papiers zu vermindern.

◆ Kindern macht es großen Spaß mit ihrer ganzen Hand oder sogar den Füßen Muster aufzuprägen.

◆ Außer den Fingern kann man viele Gegenstände und natürlich richtige Stempel verwenden. Auch durch das Tupfen mit einem Schwamm lassen sich hübsche Effekte erzielen.

Gerade Striche

6 Abschließend nochmals mit gut gefülltem Pinsel in geraden Strichen die Fläche einstreichen. Der Pinsel muss mit Druck über das Papier geführt werden, nur dann sind auch die Pinselstriche in ihrer Struktur klar zu erkennen. Sie bilden die Grundlage für die Gestaltung der Muster mit Fingern oder anderen Hilfsmitteln.

Mustergestaltung

7 Bei der Mustergestaltung des Kleisterpapiers bitte unbedingt darauf achten, dass die Musterung in das Blatt und über das Blatt hinausgeht (siehe Foto). In die feuchte Kleisterschicht mit den Fingern durch Verdrängung der Farbe ein Muster einbringen. Weitere Muster finden Sie auf Seiten 33.

Trocknen

8 Das Blatt entweder auf einem Wäschetrockner oder auf ausgelegter Plastikfolie trocknen lassen. Zeitungspapier eignet sich nicht so gut, da die Rückseite des Kleisterpapiers oft feucht ist oder Farbspuren hat, wodurch das Kleisterpapier dann am Zeitungspapier festklebt und schlecht wieder zu lösen ist.

Einfarbige Kleisterpapiere mit Verdrängungs- und Abziehmustern

Das Papier mit farbigem Kleister einstreichen, mit geraden, sternförmigen und nochmals geraden Strichen. Zwischendurch den Pinsel immer wieder neu mit Kleister versehen. Das Papier mittig falten, die Hälften aufeinander legen und mit dem flachen Handballen glatt streichen.

Mit dem Daumen oder den Fingern Muster eindrücken, als weiteres Werkzeug können auch Hölzchen, Stempel, Deckel u.a.m. genommen werden. Der Fantasie sind keine Grenzen gesetzt.

Die Papierhälften vorsichtig an den Seiten voneinander abziehen.

BUNTPAPIER

Kammmuster

Das Papier zunächst entsprechend der Anleitung auf Seite 31 waagrecht, sternförmig, waagrecht, danach diagonal mit Kleister bestreichen. Darauf achten, dass das Papier glatt auf der Fläche liegt. Den Kammspachtel einfach oder mehrfach durch den Kleister ziehen. Die Linien können gerade oder wellenförmig sein.

Hinweise

◆ Kleisterpapiere mehrfarbig zu gestalten erfordert Übung. Probieren Sie mehrere Gestaltungstechniken aus und achten Sie darauf, dass das Muster nicht das Buntpapier „erschlägt".

◆ Stempel, Hölzchen, Musterrollen, Kämme eignen sich besonders gut für diese Technik, sie erzeugen Tiefe.

◆ Muster lassen sich auch mit den Fingern gestalten. Bei den Musterungen darauf achten, dass die Größe der Gestaltungselemente dem Papierformat entspricht.

Mustergestaltung mit Tapetenmusterrolle

Papier mit Grundanstrich versehen, mittig falten, mit einer Tapetenmusterrolle oder anderen Walzen überrollen, voneinander abziehen.

Mehrfarbiges Kleisterpapier

Einen tollen Effekt erzielt man, wenn man ein Blatt in einer Farbe (hier Blau), das andere in einer zweiten Farbe (hier Gelb) einstreicht und aufeinander legt. Die beiden Blätter sorgfältig glatt streichen. Dann wieder auseinander ziehen. Schlieren der anderen Farbe befinden sich nun auf den Papieren.

Streifenmuster

Auf das Papier mit einem breiten Pinsel gelbe Streifen aufbringen. In die Lücken blaue Farben malen. Anschließend mit Blau diagonal einstreichen. Nun kann mit den Fingern oder einem Stempel wie hier ein Muster aufgebracht werden.

33

WORKSHOP

Tipps & Tricks

◆ Je sorgfältiger der Arbeitsplatz eingerichtet ist, d. h. Fußboden, Tisch und Umgebung abgedeckt sind, desto weniger Aufwand haben Sie nach der Buntpapiergestaltung mit Aufräumen und Putzen.

Ihre Grundausstattung

◆ Wanne, z. B. Fotowanne
◆ Filmdosen
◆ Gläser mit Schraubverschluss
◆ Pinsel
◆ Schlagbesen
◆ Kämme
◆ Papier, 100-120 g/m² (Maschinenbütten)
◆ Öl- oder Offsetfarben (in der Tube)
◆ Terpentin
◆ Pipetten

Hinweise

◆ Fotowannen eignen sich für Anfänger bestens. Filmdosen und Gläser mit Schraubverschluss sollten vor dem Gebrauch heiß ausgewaschen werden.

◆ Pinsel, Schlagbesen und Kämme können Sie selbst herstellen. Schauen Sie sich dafür die Fotos genau an.

◆ Nur rein destilliertes Terpentin kann man als Treibmittel verwenden. Verwenden Sie keinen Terpentinersatz, auch nicht für die Reinigung am Schluss.

ÖLTUNK-/MARMORpapier

Grundausstattung

Vorbereitung

Ein vollständig vorbereiteter Arbeitsplatz erleichtert diese Technik. Beachten Sie bitte folgende Punkte: Legen Sie den Zeitpunkt des Marmorierens fest. Besorgen Sie alle Arbeitsmaterialien. Richten Sie den Arbeitsplatz sorgfältig ein.

Es ist wichtig, sich auf die bevorstehenden Aktivitäten einzustellen. Dazu gehört, der eigenen Kreativität zu trauen, eine positive Einstellung und besonders für Anfänger eine gewisse Offenheit, sich auf die unwahrscheinlichen Eindrücke und nicht vorhersehbaren Erlebnisse während der Abläufe des Papiermarmorierens einzulassen. Schauen Sie, wie sich die Farbe verhält, wie sie auf dem Marmoriergrund „läuft", sich ausbreitet, wie Formen entstehen und welche Überraschungen sich einstellen, wenn das Papier von der Schlichte abgezogen wird und seitenverkehrt die Musterung erscheint. Lassen Sie das Staunen und Erfreuen zu. Versteifen Sie sich nicht gleich auf bestimmte Muster und Farben. Erst mit viel Erfahrung lassen sich bestimmte Effekte erzielen.

Terpentin — Filmdöschen mit Farbe — Pinsel — Kämme

Glutolin anrühren

Glutolinpulver in Wasser einrühren, ein Esslöffel Glutolin kommt auf einen Liter Wasser. Das Rezept für feste Tapeten nehmen und erst in der Wanne verdünnen.
Den Grund abdecken, über Nacht stehen und quellen lassen. Der nicht gebrauchte Kleistergrund kann kühl gelagert im Eimer mit Deckel monatelang aufbewahrt werden.

Wanne vorbereiten

Die Wanne mit etwas Terpentin auswischen, die Ränder evtl. mit Klebeband abkleben, in die Mitte des Arbeitsplatzes stellen und mit einem Kuchenblech in den Abmessungen der Wanne (nur für diese Zwecke benützen, wie auch alle anderen Arbeitsutensilien) abdecken.

Kleistergrund durchrühren

Am nächsten Tag den Kleistergrund mit einem Schneebesen durchrühren und in die Marmorierwanne ca. 3 cm hoch einfüllen, dann etwas Wasser dazugeben. Die Masse gut mit beiden Händen durchkneten, die Schlichte und das Wasser müssen sich gleichmäßig miteinander verbinden. Die Hände am Handtuch abtrocknen. An beide Seiten der Wanne Pappstreifen in den Kleistergrund stecken.

BUNTPAPIER

Blasen entfernen

Mit den Pappstreifen die Grundoberfläche abziehen und dadurch die Blasen entfernen, die durch das Eingießen und Umrühren entstanden sind. Den Pappstreifen vom rechten Wannenrand hochnehmen, auf die linke Seite führen, nach rechts den Grund abziehen, rechts auch einstecken. Den linken Pappstreifen hochnehmen, auf die rechte Seite führen, abziehen und wieder auf der linken Seite an den Rand stecken. Die Hände abtrocknen und die Wanne mit Blech abdecken.

Farben anrühren

In das Farbtöpfchen ein 1 cm langes Stück Farbe drücken. Bei Farbpaste ein erbsengroßes Stück Offsetfarbe nehmen. Darauf achten, dass die Farbe nur auf einer Seite des Gefäßes abgedrückt wird. Die Pipette mit Terpentin auffüllen und mit einem Holzstäbchen die Farbe regelmäßig verrühren. Die Farbe klümpchenfrei flüssig rühren. Das Glas mit Terpentin immer gleich wieder verschließen.
Das mit Farbe getränkte Holzstäbchen auf das Wellpappestück legen, da finden auch gebrauchte Pinsel und Ziehstäbe ihren Platz. Zwei bis drei Farben anmischen. Jeder neu dazukommenden Farbe etwas mehr Terpentin zufügen und in dieser Reihenfolge auch in den Farbbehälter stellen. Außerdem noch von jeder angemischten Farbe eine Nadelspitze der anderen Farbe und ein „Atömchen" schwarze Farbe dazu geben (siehe Seite 31) und gut miteinander vermischen. Die Farben abdecken, damit sie nicht verstauben und zu schnell verdunsten.

Probe des Farbenverlaufes

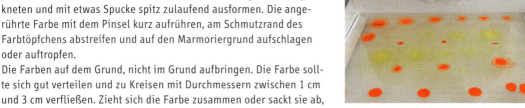

Jede Farbe mit einem Pinsel versehen, diesen vorher geschmeidig kneten und mit etwas Spucke spitz zulaufend ausformen. Die angerührte Farbe mit dem Pinsel kurz aufrühren, am Schmutzrand des Farbtöpfchens abstreifen und auf den Marmoriergrund aufschlagen oder auftropfen.
Die Farben auf dem Grund, nicht im Grund aufbringen. Die Farbe sollte sich gut verteilen und zu Kreisen mit Durchmessern zwischen 1 cm und 3 cm verfließen. Zieht sich die Farbe zusammen oder sackt sie ab, ist eine Nachbearbeitung nötig. Das heißt, man muss mehr Treibmittel/Terpentin in die Farbe mischen. Der Marmoriergrund und die Farbe müssen aufeinander abgestimmt werden. Dieser Vorgang beansprucht sehr viel Geduld und Zeit. Am besten ist es, einige Proben anzufertigen. Das Säubern der Oberfläche auch bei den Probeblättern nicht vergessen!

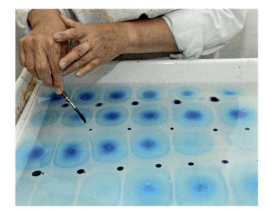

Farbe auftragen

Die Farbe regelmäßig auftragen. Ein rasches und konzentriertes Arbeiten ist vonnöten, die Farbe trocknet auf dem Marmoriergrund sehr schnell. Zwischendurch neue Farbe mit dem Pinsel aufnehmen. Die Farbe mit dem Pinsel kurz aufrühren, abstreifen und auf den Grund schlagen oder tropfen. Da, wo die Farbe zuletzt aufgetragen wurde, mit der neuen Pinselfüllung fortfahren.

Tipps & Tricks

◆ Durch das Eingießen des Suds und das Durchkneten entstehen Luftblasen. Diese müssen entfernt werden, da sonst später weiße Flecken auf dem Papier sind.

◆ Die Pappstreifen bleiben an den Seiten stecken, mit ihnen werden die Schmutz- oder Farbreste entfernt.

◆ Eine abgedeckte Wanne verhindert Verschmutzungen durch Staub, Haare usw.

◆ Beim Farbe mischen beachten, dass immer erst die hellere Farbe in das Glas oder das Töpfchen gegeben wird, danach die Dunklere.

◆ Verwenden Sie als Anfänger nicht mehr als zwei Farbmischungen, die Farbe trocknet schnell auf der Schlichte. Erst wenn Sie entsprechend schnell und geübt sind, können Sie eine dritte Farbe hinzu nehmen.

Hinweise

◆ Pipetten erhalten Sie in der Apotheke.

◆ Beschriften Sie die Behältnisse mit den Flüssigkeiten!

35

WORKSHOP

Hinweis

◆ Bei sorgfältiger Oberflächenbehandlung verdunstet der kleine verbleibende Kleisterrest während des Trockenprozesses.

Tipps & Tricks

◆ Steht ein Transport der Blätter noch bevor, die Kleisterschicht auf dem Buntpapier belassen, sie aufeinander legen, rollen. Danach können sie in eine Wanne mit Wasser gelegt werden, der Kleister löst sich, die Blätter werden sorgfältig voneinander getrennt, kurz abgespült oder im Wasser geschwenkt und zum Trocknen aufgehängt.

Muster ziehen

Mit einem Holzspieß in ruhigen Zügen die Muster gestalten. Die Spitze des Spießes nur minimal in die Schlichte tauchen und ziehen.

Schlichte reinigen

Die Oberfläche der Schlichte mit den Kartonstreifen sorgfältig abziehen, danach kann das nächste Muster gestaltet werden.

Fantasiemuster mit zwei Farben

Durch mehr oder weniger regelmäßiges Ineinanderziehen der Farben entstehen faszinierende Muster. Hier wurde der Holzspieß diagonal wellenförmig geführt.

BUNTPAPIER

Schneckenmuster

Die Farbe mit dem Pinsel aufschlagen. Auf die Schlichte, nicht in die Schlichte. Danach mit einem Holzspieß die Farbschicht in geraden oder welligen Linien durchziehen. Es kann engmaschig oder mit größeren Zwischenabständen gearbeitet werden.
In die Farblinien Schnecken einzeichnen. Darauf achten, dass der Holzspieß nur ganz knapp in die Schlichte eingetaucht wird. Die Gestaltungsmöglichkeiten sind unbegrenzt, mit zunehmender Sicherheit lassen sich alle Muster in ihrer Farbenvielfalt und Schwierigkeit steigern.

Tipps & Tricks

◆ Die Pinseldicke, die Höhe, die Gleichmäßigkeit und die Schnelligkeit des Farbabschlages oder des Tropfens spielen eine große Rolle bei der Ausbreitung der Farben und der weiteren Gestaltung des Papierbogens.

◆ Anmerkung: Die gezeigten Muster sind alle frei entstanden und sollen nur ein Spektrum zeigen, wie Tunkpapiermuster gestaltet werden können.

◆ Der Papierbogen kann auch mit Bewegung auf die Schlichte aufgelegt werden. Es entstehen interessante Wellenmuster!

Mustergestaltung mit Kamm

Den Kamm nur minimal in die Schlichte tauchen. Den Kammzug gerade und regelmäßig vornehmen. Am besten den Wannenrand als Führungsschiene der Finger nehmen.

Papier auflegen

1 Den Papierbogen mit leichtem Druck gleichmäßig auf die gestaltete Oberfläche des Grundes auflegen, ohne Unterbrechung, leicht auf die Schlichte drücken, etwas gegen die Rückseite der Wanne schieben, an beiden vorderen Ecken anfassen und über den Wannenrand abziehen. Bei diesem Vorgang wird der überschüssige Kleister entfernt.

2 Den marmorierten Bogen umdrehen und auf das bereitgestellte, mit Küchentuch ausgelegte Blech legen. Das Ergebnis ist ein einfach gezogenes Kammmuster.

3 Die geschmückte Seite mit Küchenpapier bedecken und vorsichtig den noch vorhandenen Kleister vom Buntpapier abstreifen und abtupfen. Evtl. noch vorhandene Farbreste werden mit dem Kleister von der Oberfläche genommen. Eine andere Möglichkeit der Kleisterentfernung vom Buntpapier ist die des Abwaschens oder Abduschens in einer großen Wasserwanne.
Das Buntpapier zum Trocknen auf einen Wäscheständer hängen oder flach auf eine mit Plastikfolie ausgelegte Fläche legen.

 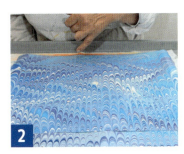 

WORKSHOP

Hinweise

◆ Verunreinigungen können auch von unten nach oben von der Schlichte aufsteigen.

◆ Zu dicke Farbe fällt auf den Wannengrund, steigt wieder an die Oberfläche und verschmutzt das Muster.

◆ In ein verschließbares Glas mit Hals Terpentin abfüllen, eine Pipette mit einer dünnen Schnur versehen, um den Hals des Glases binden. Mit der Pipette ist genaues Dosieren möglich und ein sparsamer Umgang mit dem Treibmittel gewährleistet.

Fantasiemuster

Bei der Mustergestaltung daran denken, dass die Farbigkeit des Grundpapiers ein wesentlicher Bestandteil in der Gestaltung und der Farbigkeit des Buntpapiers ist. Bei den gezeigten Mustern ist der weiße Papierbogen die zweite oder dritte Farbe. Zwei Reihen mit dem ersten Blauton auftropfen, mittig zwei Reihen mit dem zweiten Blauton, danach wieder zwei Reihen mit dem ersten Blauton. Mit dem Stäbchen zuerst waagerechte, dann senkrechte Linien ziehen.

Mustervarianten

Zwei Farben versetzt oder durcheinander auftropfen, waagerecht, senkrecht, in Wellenlinien diagonal durchziehen.

Weitere Gestaltungsmöglichkeiten:

Pannenhilfe

Auf den Ausbreitungs-Trocknungszustand der auf der Schlichte liegenden Farbe achten. Wenn sie sich nicht mehr ausbreiten kann oder rissig wird, kann es viele Ursachen haben:

- Der Grund ist zu dünn, zu dick, zu kalt oder verschmutzt. Der Grund ist zwischen den einzelnen Papieren nicht abgezogen worden. Ab und zu die an den Wannenrändern stehenden Streifen auswechseln.
- Die Farbe ist zu dick, verschmutzt, zu langsam oder zu großzügig aufgetragen worden.
- Die klimatischen Verhältnisse haben sich verändert, beispielsweise kann sich der Raum durch Sonnenschein aufgeheizt haben.
- Die Marmorierwanne bei Nichtbenutzung abdecken. Durch die Verdunstung und den Gebrauch der Schlichte verliert sie an Volumen, sie muss zwischendurch aufgefüllt werden. Das hat zur Folge, dass auch die Farben neu auf den Grund abgestimmt werden müssen.
- Empfehlenswert ist es, ein Arbeitsprotokoll zu erstellen und einige Musterpapiere zum Nachvollziehen von Fehlerquellen aufzubewahren.
- Fehlstellen, also Blasen im Papier, entstehen dadurch, dass das Buntpapier nicht vollständig mit dem Muster bedeckt ist. Sie können unter anderem durch nicht sorgfältiges Auflegen des Papiers entstehen. Luftwirbel im Zwischenraum sorgen für Blasen. Lassen Sie sich nicht entmutigen, auch bei geübten Buntpapiergestaltern kommen Bläschen vor.

Nachbereitung

Die getrockneten Öltunkpapiere in Laufrichtung einmal nach innen und außen rollen. Danach plan zwischen Pappen, Büchern oder Brettern zum Glätten legen. Die Oberfläche benötigt keine Extrabehandlung. Die Ölfarbenoberfläche kommt ohne Schutz aus. Das Buntpapier kann nach einer ausreichenden Trocken- und Ruhephase, empfehlenswert sind mindestens sechs Wochen, verarbeitet werden.

Reinigung

Die Schlichte, der Marmoriergrund, wird nach Beendigung, wenn nicht in absehbarer Zeit noch einmal marmoriert wird, mit einem Kartonstreifen von den restlichen Farben gesäubert. Sollte der Grund in der Oberfläche sehr verschmutzt sein, ist es am einfachsten, ein Zeitungspapier auf die Oberfläche zu legen und damit den Grund abzuziehen.

Entsorgung

Für die Entsorgung bieten sich mehrere Methoden an: Die Glutolinmasse durch ein mit Küchenkrepp ausgelegtes Sieb in einen Eimer gießen, mit Wasser verdünnen und im Garten auskippen. Nicht in den normalen Hausausguss oder in die Toilette gießen, es besteht Verstopfungsgefahr!

Da Glutolin aus reiner Zellulose besteht, ist es umweltverträglich und zersetzt sich.
Wenn der Marmoriergrund nur noch ein dickflüssiger Rest ist, kann er in Zeitungspapier eingeschlagen und dem normalen Haushaltsmüll zugeführt werden. Den in der Wanne noch vorhandenen Rest des Grundes mit Küchenpapier oder Lappen auswischen, bis die Wanne vollständig trocken ist. Den Küchenkrepp ebenfalls in den normalen Hausmüll geben, die Lappen können gewaschen werden.
Die Farbreste in der trockenen Wanne mit einem sparsam getränkten Terpentinlappen oder Küchenpapier entfernen. Die Wanne lüftet danach an der frischen Luft aus. Lappen und Küchenkrepp unbedingt zum Entlüften ins Freie stellen und nicht im Haus aufbewahren (Selbstentzündungsgefahr!).
Nach dem Entlüften terpentingetränkte Teile sowie verschmutztes Terpentin im Recyclinghof abgeben.
Die Pinsel mit einem Küchenkrepp auswischen, in ein Glas mit Terpentin stellen, schwenken, abtrocknen und zum Trocknen aufhängen, danach in Form drehen. Bei häufiger Benutzung der Pinsel empfiehlt sich das Waschen mit Schmierseife.
Die angerührten Farben können in Schraubgläsern bis zur nächsten Verwendung aufgehoben werden.

Modeldruckpapier

Beim Gestalten von Papier mit Modeln, ob mit kleinen oder großen Druckstöcken, ist die Form vorgegeben. Die Druckstöcke können u.a. aus Holz, Metall, Kork, Gummi und Linoleum sein. Auch Mischformen sind möglich. Für Mehrfarbendrucke werden „Spiele" benötigt (mehrere Druckmodel, die ineinander passen). Außerdem gibt es Rollmodel, Tapetenmusterrollen aus Gummi, Linoleum oder auch aus Holz. Diese Rollen werden mit Farbe eingefärbt und anschließend über das Papier gerollt.

Hinweise

- Bei sehr empfindlicher Haut empfiehlt es sich, die Hände und das Gesicht mit Melkfett zu schützen. Während des Marmorierens sollten Sie auf Händewaschen mit Seife verzichten.

- Es empfiehlt sich, Schmuck beim Marmorieren abzulegen.

- Bitte beachten Sie auch die Nachbereitung und Entsorgung. Ihre eigene Sicherheit und ihre Verantwortung für die Umwelt sollten Sie sich zu Herzen nehmen!

- Die ersten Model hatten bereits die Sumerer, die zu Dekorationszwecken in Keramik eingeprägt wurden. Heute benutzt man Model vor allem für Pralinen, Butter, kleine Bachwaren und andere Leckereien. Eine der ältesten Quellen, die ausführlich den Modeldruck beschreibt, stammt aus Italien, aus dem Jahre 1390.

Tipps & Tricks

- Sie finden Model in Museumsshops, auf Flohmärkten, bei Antiquitätenhändlern und im Internet.

WORKSHOP

PapierBATIK

Die Batik ist eine alte ostasiatische Kunsthandwerktechnik, die sowohl auf Stoff als auch Papier angewandt werden kann. Es gibt hierbei verschiedene Verfahren:

Wachsbatik mit Pinsel

Für die Batiktechnik mit dem Pinsel kann man heißes Wachs oder Kaltwachs verwenden. Die Verwendung von Kaltwachs ist wesentlich einfacher und ungefährlicher. Mit heißem Wachs gebatikte Gegenstände haben eine besondere Wirkung. Auch Dinge, die nicht ganz exakt gearbeitet sind, haben ihren Reiz.

Mit heißem Wachs oder Kaltwachs

Man verwendet hierfür insbesondere spezielles Batikwachs, z. B. in Form von Perlen, und schmilzt es in einer sauberen, leeren Konservendose im Wasserbad. Niemals direkt auf die Herdplatte stellen! Das heiße Wachs kann sich leicht entzünden!

Schritt für Schritt erklärt

Ihre Grundausstattung

- Heißwachsbatik: spezielles Batikwachs oder Kerzenreste in Weiß oder Teelicht
- Kaltbatik: Kaltwachs
- Batik- und Färbefarbe oder Holzbeize oder Seidenmalfarben
- Haarpinsel oder Borstenpinsel
- breite Borstenpinsel
- Konservendose, Topf mit Wasser für Wasserbad

Tipps & Tricks

- Ein Teelicht so lange brennen lassen, bis das Wachs fast vollständig geschmolzen ist, und wie rechts beschrieben weiter verfahren.

- **Kaltwachs**
Kaltwachs bekommt man im Bastelgeschäft und kann es direkt, ohne es zu erwärmen, verarbeiten. Ansonsten genau so vorgehen wie bei Batik mit heißem Wachs beschrieben.

- **Wachsbatik mit Kerzentropfen**
Die Reservierung der Farben kann auch ganz einfach mit einer angezündeten weißen Haushaltskerze erfolgen. Man tropft das flüssige Wachs auf das Papier und verfährt ansonsten wie bei der Heißwachsbatik beschrieben. Es entstehen runde oder tropfenförmige Formen.

1 Vorlage übertragen

Vorlage auf Universalpapier übertragen oder frei arbeiten. Mit einem Haar- oder Borstenpinsel heißes Wachs oder Kaltwachs auf das Papier aufbringen. Die Stellen, die weiß bleiben sollen, mit dem Wachs abdecken.

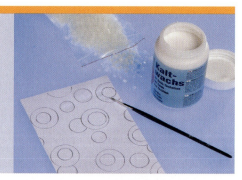

2 Farben aufbringen

Die hellste Farbe mit einem breiten Pinsel über das Papier streichen. Nach dem vollständigen Trocknen kommt die nächstdunklere Farbe dran. Diesen Vorgang so lange wiederholen, bis alle gewünschten Farben auf dem Papier sind. Bei Mehrfachfärbungen beachten, dass sich die vorherige Farbe mit der nachfolgenden Farbe vermischt.

3 Bügeln

Nach dem Durchtrocknen das Papier zwischen mehreren Lagen weißer Papierbögen legen und mit dem Bügeleisen (Einstellung: Baumwolle) das Wachs aus der Batikarbeit bügeln. Danach kann man das Batikpapier beliebig weiter verarbeiten.

BUNTPAPIER

Malen mit Kerzen

Das Auftragen des Motivs bzw. die Reservierung der Farben erfolgt mit der stumpfen Seite einer weißen Kerze. Je dünner die Kerze ist, umso feiner der Strich. Die Kerze sollte kalt sein, da sie sich durch die Wärme der Hand verbiegen kann. Den Docht immer wieder abschneiden.

Falt- und Tauchbatik

Die Falt- und Tauchtechnik ist eine einfache, aber sehr wirkungsvolle Technik des Papierbatikens. Das spezielle, sehr dünne Batikpapier kann in viele verschiedene Grundformen, z. B. Quadrat, Rechteck, Kreis, Dreieck usw., zurechtgeschnitten, gefaltet und getaucht werden.
Bei sternförmigen Mustern oder kreisförmigem Papier einfach das geschnittene Papier drei- bis viermal diagonal zusammenfalten.

MATERIAL MALEN MIT KERZE
- Batik- und Färbefarbe, Holzbeize oder Seidenmalfarben
- Geburtstagskuchenkerzen in Weiß

FALT- UND TAUCHBATIK
- Batik- und Färbefarbe, Holzbeize oder Seidenmalfarben
- Batikpapier 19 g/m²
- Plastikwäscheklammer
- Schraubgläser

Schritt für Schritt erklärt

1. Papier falten
Batikpapier zuschneiden und nach Anleitungszeichnungen falten. Das gefaltete Papier mit einer Wäscheklammer am entsprechenden Ende versehen.

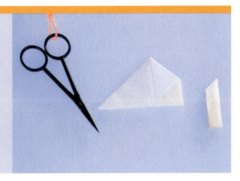

2. Eintauchen
Mit der Spitze kurz in die hellste Farbe tauchen. Dann noch einmal oder mehrere Male in dunklere Farben tauchen. Mit dem stumpfen Ende genauso verfahren. Aussparungen ergeben weiße Stellen. Trocknen lassen. Eventuell noch einmal einzelne Stellen tauchen oder mit Pinsel bearbeiten.

3. Bügeln
Nach dem Trocknen das Papier auffalten und auf Baumwolleinstellung glatt bügeln.
Die Farben und Muster der gebatikten Objekte kommen deutlich besser zur Wirkung, wenn man sie auf weißen Untergrund aufklebt.

Tipps & Tricks

- Eigene Faltkreationen erfinden und ausprobieren macht Spaß.

- Für saubere Finger Wäscheklammer an den jeweiligen Enden anklemmen.

- Batikarbeit erst bügeln, wenn das Papier richtig getrocknet ist. Bei noch nassem Papier werden die Farben sonst blass.

- Man kann auch mit einem dünnen Haarpinsel Tupfen oder Striche an den Falträndern aufbringen oder nach dem Trocknen die Faltung noch einmal in Farbe tauchen. Dadurch erhält man exaktere Formen mit Rändern.

Kleisterpapier

Nach Grundanleitung auf Seite 31 das Papier entsprechend einstreichen.
Das Muster nach Abbildung mit einem grobzackigen Kamm oder einem Kammspachtel aufbringen. Dabei über den Rand hinaus das Muster auftragen. Bei den Übergängen darauf achten, dass die Linien parallel verlaufen und die Abstände genau so groß sind wie beim Kamm.

MOTIVGRÖSSE
ca. A3

MATERIAL
- Grundausstattung Kleisterpapier
- Papier, A3
- Farbe in Orange bzw. Blau
- grobzackiger Kamm oder Kammspachtel

IDEENINSEL

MOTIVHÖHE
ca. 2,5 cm

MATERIAL
- Buntpapier: Modeldruck, 21 cm x 21 cm und 20,5 cm x 20,5 cm
- Lineal
- ggf. Falzbeil

VORLAGE
Seite 127

Faltschachtel

Das Papier wie auf Seite 39 beschrieben mit Modeln gestalten. Anleitungstext und Faltskizzen finden Sie auf Seite 127.

Hinweis

- Auch in anderen Größen sollte das Ausgangsblatt für den unteren Teil immer 5 mm kleiner sein als das Quadrat für das Oberteil.

Tipps & Tricks

- Sehr hübsch ist es, wenn Sie lauter kleine Schachteln ineinander falten.

- Den Deckel können Sie noch verzieren oder als Griff beispielsweise eine Quaste anbringen.

Faltbatikkarte

Aus dem rechteckigen Papier nach Vorlage einen Halbkreis falten. Mit der dünnen Spitze zuerst kurz in die rote, anschließend, nicht so tief, in die violette Farbe tauchen. Mit dem dickeren Ende so in Rot tauchen, dass noch ein weißes Stück in der Mitte bleibt. Etwas in Violett eintauchen bzw. an den gefalteten Kanten, von unten ein Stück hoch, mit dem Pinsel etwas Farbe aufstreichen. Trocknen lassen. Die äußerste Spitze in Gelb tauchen. Trocknen lassen und anschließend bügeln. Mit dem Klebestift auf die weiße Karte kleben.

MOTIVHÖHE
ca. 11,5 cm

MATERIAL
- Batikpapier, 19 g/m², 14,5 cm x 10,5 cm
- Fotokarton, 18 cm x 11,5 cm
- Batikfarbe in Rot, Violett und Gelb
- Haarpinsel, Größe 1
- Klebestift

VORLAGE
Seite 126

BUNTPAPIER

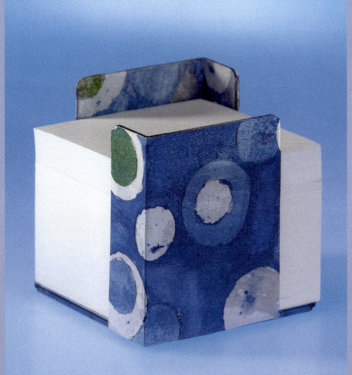

MOTIVHÖHE
ca. 14 cm

MATERIAL
- Zettelbox
- Kaltwachs oder Batikwachs für Heißwachsbatik
- Batik- und Färbefarbe oder Holzbeize in Blau und Grün
- Universalpapier in Weiß, A4
- Haarpinsel, Größe 1 und 6
- Klebestift
- Papierküchentücher

VORLAGE
Seite 128

Zettelbox

Das Motiv einmal auf ein Blatt weißes Universalpapier fotokopieren.
Das Wachs mit dem Pinsel auf diejenigen Kreise auftragen, die Weiß bleiben sollen. Wachs gut durchtrocknen lassen.
Hellblau aus Blau und der doppelten Menge Wasser anmischen. Blatt mit hellblauer Farbe nicht allzu nass übermalen. Trocknen lassen.
Die hellblauen Kreise mit Wachs abdecken. Trocken lassen.
Die restlichen Kreise in Grün ausmalen. Trocknen lassen. Die verbliebene Fläche mit dunkelblauer Farbe übermalen. Trocknen lassen.
Das getrocknete Blatt zwischen mehreren weißen Blättern auf „Baumwolleinstellung" bügeln.

3 DÉCOUPAGE

Ihre Grundausstattung

- Désoupagekleber
- Découpagelack
- Silhouetten- oder Découpage-Schere (mit vorne leicht gebogenen Spitzen)
- Cutter mit Schneideunterlage
- Synthetikhaarpinsel, fein und breit, weich und Borstenpinsel
- Schwamm
- Schälchen mit kaltem Wasser
- Küchenrolle

Tipps & Tricks

◆ Wird mit Acrylfarbe gearbeitet, ist häufig ein zweimaliger Farbauftrag notwendig. Bei dunklen Untergründen den Gegenstand zunächst weiß grundieren. Dann je nach Deckkraft der Farbe ein- bis zweimal überstreichen. Die Farbe vor dem nächsten Farbauftrag gut trocknen lassen.

Die Geschichte der Découpage

Mit Découpage können Oberflächen mit Papierausschnitten gestaltet werden. Diese Technik geht ins 12. Jahrhundert zurück und wurde – wie die Herstellung des Papiers – in China entwickelt. Der Name Découpage kommt aus dem Französischen, découper heißt ausschneiden. In Frankreich erlebte die Technik im 17. und 18. Jahrhundert ihre Blütezeit und verbreitete sich in ganz Europa. Damals wurden mit Découpage billige Imitationen von orientalischen Lackarbeiten, die ebenso heiß begehrt wie teuer waren, hergestellt. Dabei wurden bis zu vierzig Schichten Lack auf die Découpagemotive aufgebracht und wieder angeschliffen, um das Motiv alt wirken zu lassen.

Spezielles Découpagepapier finden Sie in großer Motivvielfalt: Blumen, Tiere, Tierfell und Früchte sind in großer Stilvielfalt erhältlich. Découpagepapier ist dünn und saugfähig, dadurch passt es sich angefeuchtet sehr leicht an den Untergrund an und kann auch auf runde Rohlinge wie Vasen, Dosen und Teller angebracht werden. Es ist lichtecht und hitzebeständig.

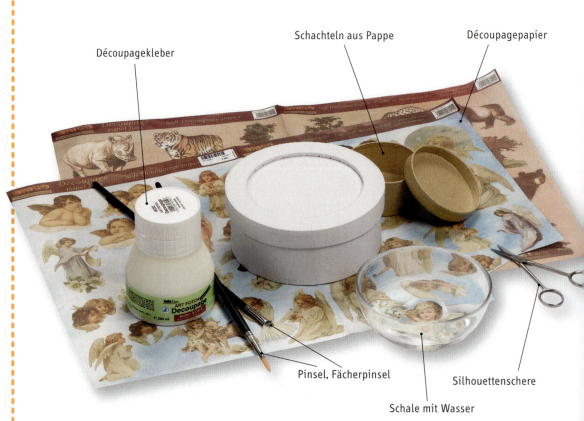

Découpagekleber — Schachteln aus Pappe — Découpagepapier — Pinsel, Fächerpinsel — Silhouettenschere — Schale mit Wasser

44

DÉCOUPAGE

Geeignete Materialien

Außer Pappe, Pappmaché und Karton sind auch Holz, Glas oder Ton sehr gut für Découpage geeignet. Mit Découpage können Buntpapier, Geschenkpapier und spezielles Découpagepapier auf Gegenstände aufgebracht werden. Es können aber auch Zeitschriften, Postkarten und Poster verwendet werden. Am reizvollsten sind Collagen aus verschiedenen Papieren wie bei der Holzkiste auf Seite 123. Vorsicht bei Papieren, die mit wasserlöslichen Farben gestaltet werden! Diese sollten nicht eingeweicht werden. Zu dicke Papiere sind weniger gut geeignet und sollten auf jeden Fall gut gewässert werden.

Schritt für Schritt erklärt

1. Papier einweichen

Das Papier zurechtschneiden und kurz in kaltes Wasser legen. Durch das Wässern wird das Papier elastisch und passt sich dem Untergrund besser an. Bei kleinen, flachen Flächen ist das Wässern nicht nötig. Große Flächen auf der Rückseite mit Wasser einstreichen. Anschließend aus dem Wasser nehmen und auf ein saugfähiges Papiertuch, z. B. Küchenpapier, legen.

2. Falten wegstreichen

Mit einem weichen Pinsel den Kleber auf den vorbereiteten Untergrund streichen. Nun das Motiv auflegen. Von innen nach außen hin mithilfe eines Pinsels glatt streichen und eventuelle Luftblasen und Falten nach außen streichen.

3. Lackieren

Eine Schicht Kleber darüber anbringen. Besonders darauf achten, dass die Ränder des Motives gut kleben. Ist alles gut getrocknet, den Lack auftragen. Nach dem Trocknen abschleifen. Dadurch ist das Découpageobjekt gut geschützt und lichtbeständig. Diesen Vorgang noch sechsmal wiederholen. Möchten Sie keinen antiken Effekt erzielen, reicht ein zweimaliges Lackieren ohne Abschleifen.

Tipps & Tricks

◆ Bei manchen Papieren wirkt es auch schön, wenn Sie die Motive nicht exakt ausschneiden, sondern ausreißen. Dabei immer das Papierstück, das weiter verwendet wird, nach oben reißen, dann ist der weiße Rand auf der anderen Seite. Wenn Sie gerade Linien reißen möchten, dann nehmen Sie ein Lineal zur Hilfe. Beim Scrapbooking-Bedarf in Hobbyfachhandel finden Sie auch wellenförmige und zackenförmige Lineale, mit denen sich tolle Effekte erzielen lassen.

◆ Bleiben Sie mit der Schere immer in der gleichen Position und bewegen Sie mit der anderen Hand das Motiv der Kontur entlang zur Schere, dann arbeiten Sie genauer.

Hinweis

◆ Hand-Buntpapiere wie Kleisterpapier, Modeldruckpapier, historisches Tunkpapier und Tuschepapier können nicht ins Wasser gelegt werden, sie weichen auf. Die einzige Ausnahme sind Papiere, die mit Ölfarben hergestellt wurden, also Öltunkpapier, Spachtelpapiere u.a.m.

PROFITIPP

Découpage mit Fotos

Wenn Fotos nicht auf Fotopapier, sondern auf Tonpapier oder Fotokarton ausgedruckt werden, können Sie die Bilder ebenfalls mit Découpage aufbringen. So können Sie beispielsweise auf den Umschlag von Leporellos und Fotoalben ein charakteristisches Bild aufbringen. Auf die gleiche Weise können Sie auch andere Motive wie eingescannte Zeichnungen und Bilder oder auch Logos aufbringen.

Notizbuch

Das Papier auf allen Seiten 5 mm größer zuschneiden und bis zum Rand einschneiden.
Den Umschlag des Notizbuches mit Découpagekleber bestreichen, die Ränder nach innen umbiegen und festkleben. Gut trocknen lassen. Auf der Innenseite die Blume mit einem Cutter ausschneiden. An den Rändern 5 mm stehen lassen. Das überstehende Papier bis zum Rand der Blume einschneiden, mit Découpagekleber bestreichen und die Ränder nach innen umkleben. Hinter den Ausschnitt das grüne Papier kleben.

Bleistift

Das Papier zuschneiden und einweichen. Den Bleistift mit Découpagekleber bestreichen. Das Papier um den Bleistift anbringen. Trocknen lassen und lackieren.

MOTIVHÖHE
Notizbuch ca. A5
Bleistift ca. 17 cm

MATERIAL NOTIZBUCH
- Notizbuch mit Blumenausschnitt im Umschlag, A5
- Buntpapier in Blau, A3
- Kleisterpapierrest in Grün
- Découpagekleber und -lack

BLEISTIFT
- Tunkpapier in Grün/Grau, A5
- Découpagekleber und -lack

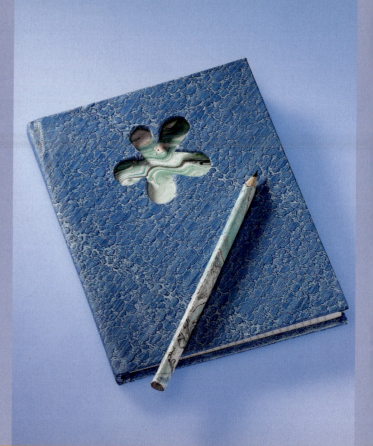

IDEENINSEL

MOTIVGRÖSSE
ca. 28 cm x 20,5 xm

MATERIAL
- Holzbilderrahmen mit Glas, 20 cm x 28 cm
- verschiedene Buntpapiere in Braun und Creme
- Découpagekleber und -lack

Bilderrahmen

Den Bilderrahmen mit Découpagekleber bestreichen.
Die Papiere lt. Abbildung seitlich ca. 2 cm größer zuschneiden. Mit Découpagekleber auf dem Bilderrahmen anbringen, Ränder umbiegen und festkleben. Nach dem Trocknen lackieren.

Hinweis

- Buntpapier mit wasserlöslichen Farben sollte nicht gewässert werden, da sich die Farben sonst auflösen.

Dose

Zunächst das untere Teil und das Seitenteil des Deckels mit dem Papier beziehen. Hierzu das Papier an der Ober- und Unterseite jeweils 5 mm größer zuschneiden und den überstehenden Rand in Zacken einschneiden.
Die Dose und den Deckel mit Découpagekleber einstreichen. Anschließend mit Découpagekleber anbringen die Ränder umbiegen und befestigen. Die obere Seite des Deckels passend zuschneiden und anbringen.
Alles gut trocknen lassen und lackieren.

MOTIVHÖHE
ca. 6,5 cm

MATERIAL
- Dose aus Pappmaché, 10 cm x 10 cm
- Kleisterpapier in Braun, A4
- Découpagekleber und -lack

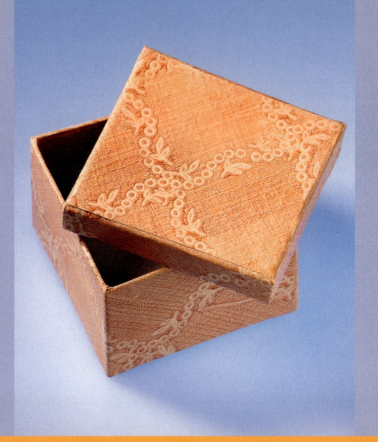

DÉCOUPAGE

MOTIVHÖHE
ca. 11 cm

MATERIAL
- Glas, ø 6 cm, 11 cm hoch
- Öltunkpapier in Blau, A4
- Découpagekleber und -lack
- Teelicht

Teelichtglas

Das Glas mit Découpagekleber bestreichen.
Das Papier passend zuschneiden und mit Découpagekleber um das Glas anbringen.
Nach dem Trocknen lackieren.
Das Teelicht einsetzen.

4 PAPETERIE

Eine schöne Möglichkeit, geschöpfte Papiere und Buntpapiere zu verarbeiten, ist Papeterie. Verwandelt zu Heften, Schachteln oder einem Buch entstehen aus den Papieren edle Unikate.
In diesem Kapitel gewinnen Sie Einblick in das Handwerk des Buchbindens. Anders als bei der industriellen Buchherstellung kommt man dabei mit einfachen Werkzeugen aus.

Ihre Grundausstattung

- Vorstechahle
- Nadel
- Faden
- Schere
- Cutter
- Falzbein
- Gewichte, z. B. aus Metall- oder Stein
- Klebeband
- Lineal
- Geodreieck®
- Leim
- Kleister

Stülpdeckelkasten

Leporello

Heft mit Fadenbindung

GRUNDLAGEN

Papier, Karton oder Pappe?

Nach DIN 6730 gilt folgende Einteilung für Papiere, Kartons und Pappen:

Papier: bis 225 g/m²

Karton: 150 g/m² bis 600 g/m²

Pappe: über 225 g/m²

Die Grenzen sind fließend: Dünne Pappen heißen „Schrenz". Feinpappen werden häufig Karton genannt; Papiere zwischen 150 g/m² und 200 g/m² nennt man „Halbkarton".

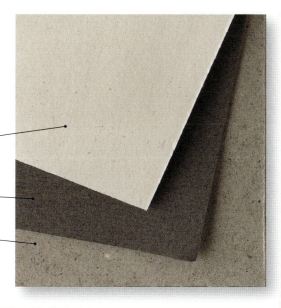

Laufrichtung und Dehnrichtung

Jedes von der Maschine kommende Papier hat eine **Laufrichtung,** da sich die Mehrzahl der Papierfasern nach dem Lauf der Maschine ausrichtet.
Dehnrichtung: Die Dehnrichtung verläuft senkrecht zur Laufrichtung. Bei der Aufnahme von Feuchtigkeit verändert das Papier seine Größe, hauptsächlich in Richtung der Dehnrichtung.

Für die Verarbeitung spielen diese Faktoren eine wichtige Rolle. Ein Karton kann nur parallel zur Laufrichtung gut gefalzt werden, da sonst die Fasern brechen und wir keine glatte Kante bekommen. Wenn beim Kaschieren die Dehnrichtung nicht beachtet wird, kann es sein, dass das Papier zu stark „wächst" und über das zu beklebende Objekt hinausragt.

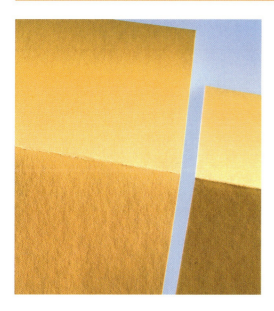

Klebstoffe

Klebstoffe können tierischer, pflanzlicher oder synthetischer Herkunft sein. Klebstoffe tierischer Herkunft werden aus Haut-, Knochen- und Lederabfällen gewonnen.
Klebstoffe auf pflanzlicher Basis werden aus Stärke hergestellt, z. B. aus Kartoffel-, Mais-, Weizen- oder Reisstärke. Synthetische Klebstoffe (Dispersionsklebstoffe) werden durch chemisch gesteuerte Synthese aus Kalk und Kohle oder aus den petrochemischen Vorprodukten des Erdöls gewonnen. Die gebräuchlichsten Kunstharzklebstoffe sind die Weißleime.
In der Buchbinderei werden vor allem Kleister oder ein Mischleim (Kaschierleim), bestehend aus Dispersionsklebstoff und Kleister, sowie reiner Dispersionsklebstoff verwendet. Zum Kaschieren von Flächen wird Kleister oder Kaschierleim verwendet. Zum Zusammensetzen von Kästen nimmt man reinen Dispersionsklebstoff.

Tipps & Tricks

◆ Als Gewichte eignen sich schwere, plan liegende Gegenstände. Metallabfälle findet man auf dem Schrottplatz, da sie rosten, sollte man sie in Papier verpacken.

◆ Steinabfälle findet man beim Steinmetz oder bei Bauschutt. Sind die Steine geschliffen, reicht ein gründliches Reinigen.

◆ Folgende Merkmale lassen die Laufrichtung eines Papiers leicht erkennen:
Feuchtprobe: Beim einseitigen Anfeuchten biegt sich das Papier stets parallel zur Laufrichtung der Fasern.

Biegeprobe: Das Papier lässt sich leichter in Laufrichtung der Fasern biegen und falzen.

Nagelprobe: Bei der Nagelprobe zieht man die beiden Kanten eines Papierbogens zwischen den Nägeln von Daumen und Zeigefinger durch. Eine Kante wird weniger wellig als die andere. Parallel zur glatten Kante ist die Laufrichtung.

WORKSHOP

MATERIAL
- 4 Bogen Papier für den Inhalt, 20 cm x 20 cm
- Buntpapier für den Umschlag, 20 cm x 42 cm

Hinweis
- Für größere Hefte verwendet man mehr Stiche, aber immer eine ungerade Anzahl von Stichen.

Einfaches BUCHBINDEN

Hefte braucht man immer, denn sie sind vielseitig einsetzbar und sehr leicht selbst herzustellen. Mit einfachem Buchbinden können Sie kleine Büchlein binden. Damit können Sie beispielsweise einige Gedichte, Erinnerungen und andere Notizen aufschreiben. Leider kann man die Seitenzahl nicht unendlich erhöhen. Je dünner das Papier, desto regelmäßiger werden die Seiten.

Schritt für Schritt erklärt

1 Ausmessen, zuschneiden und vorstechen
Das Papier für das Heft zuschneiden und in der Mitte falzen (gefalztes Maß des Heftes 10 cm x 20 cm). Den Umschlag ausmessen und zuschneiden. Die Unterteilung für die Faltung einzeichnen und falten. Das Heft in den Umschlag legen und mit der Vorstechahle drei Löcher in den Falz des Heftes stechen. Ein Zentimeter Abstand von Kopf und Fuß des Heftes und dann noch ein Loch in der Mitte.

2 Heften
Das Heft mittels eines „Dreistiches" in den Umschlag heften. Am mittleren Loch beginnen. Den Faden von außen durch das mittlere Loch nach innen führen und dann durch das rechte Loch wieder nach außen. Der nächste Stich geht durch das linke Loch nach innen und wird durch das mittlere Loch wieder nach außen geführt. Den Faden straff ziehen und die Fadenenden miteinander verknoten.

3 Umschlag festkleben
Den Umschlag um das Heft legen und am schmalen Steg festkleben.

PAPETERIE

LEPORELLO

Ein Leporello ist ein ziehharmonikaartig gefaltetes Heft und wird auch Faltbuch genannt. Der Leporello ist nach der Opernfigur aus Mozarts Don Giovanni benannt.

MATERIAL
- 2 Deckel aus 1,5 mm starker Pappe, 13 cm x 18 cm
- 2 Papiere für den Überzug, 15 cm x 20 cm
- Fotokarton für den Innenteil (6 Seiten), 17,6 cm x 75,6 cm

Schritt für Schritt erklärt

1. Zuschnitt
Das Material nach Angaben zuschneiden. Falls andere Maße gewählt werden, den Deckel ringsum 2 mm größer zuschneiden als den Inhalt.

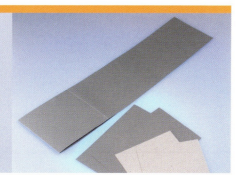

2. Deckel überziehen
Das Überzugspapier ganzflächig mit Leim oder Kleister anstreichen und flach auf den Tisch legen. Deckel auflegen und anreiben.

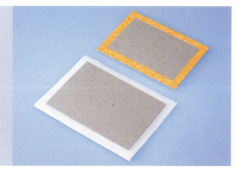

3. Ecken umschlagen
Die Ecken schräg abschneiden und einkneifen. Den Überzug entlang des Deckels gut anreiben, den Überstand nach innen umschlagen und festkleben.

4. Innenteil einkleben
Den Fotokarton ziehharmonikaartig falzen. Alle 12,6 cm einmal falzen. Die oberste Seite ganzflächig mit Leim anstreichen und auf einen Deckel kleben. Danach mit der untersten Seite ebenfalls so vorgehen. Der Fotokarton hat zum Rand ringsum einen Abstand von 2 mm. Zwischen Brettern, mit einem Gewicht beschwert, austrocknen lassen.

Tipps & Tricks

- Beim Anstreichen des Fotokartons mit Leim ist es hilfreich, wenn man sich ein Stück Makulatur (also ein Schmierpapier) einlegt, um nicht die darunter liegende Seite zu verschmutzen.

- Am besten trocknen die Deckel, wenn man sie zwischen Brettern oder Holzpappen und mit einem Gewicht beschwert trocknen lässt. So ist eine Planlage der Deckel gewährleistet.

- Der Ursprung klingt wie ein Märchen: Die Opernfigur Leporello, Diener des frauenverschleißenden und eitlen Don Giovanni führte im Auftrag seines Herren eine Liste mit Namen und Bildern seiner Eroberungen. Als die Zahl der Damen dreistellig wurde, erfand Leporello das Faltsystem und widerlegte somit die These Heraklits, der Krieg sei der Vater aller Dinge. Auch die Liebe macht erfinderisch.

WORKSHOP

Tipps & Tricks

◆ Wer sich das Auskaschieren sparen möchte, kann auch die Pappe vor dem Zuschneiden ganz mit Papier bekleben.

Hinweis

◆ Bei der Berechnung des Überzugs muss an den Seiten, an denen eingeschlagen oder umgeschlagen wird, jeweils 1 cm addiert werden. Wenn dickere Pappe verwendet wird, muss man die Pappenstärke dazu rechnen.

STÜLPDECKELkasten

Ein Nebengebiet in der Buchbinderei ist der Bau von Schachteln, Kästen, Futteralen, Etuis etc. Diese Technik macht es möglich, für alle möglichen Gegenstände, für die es keine Standardschachteln gibt, einen Stülpdeckelkasten nach Maß zu fertigen. Besonders schön sieht dieser aus, wenn auch das Innere auskaschiert wird.

Schritt für Schritt erklärt

Zuschneiden der fünf Kastenteile
Aus 1,5 mm starker Graupappe, den Boden (15 cm x 20 cm), zweimal die Seitenlängsteile (20 cm x 12 cm) und zweimal die Seitenbreitteile (15,3 cm x 12 cm) zuschneiden.

1

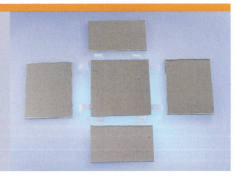

Zusammensetzen
Alle Teile in der richtigen Zusammensetzung hinlegen und alle Seitenteile knapp am Rand mit Leim bestreichen. Auf das Bodenpappstück ein kleines Gewicht stellen, damit es nicht wegrutscht. Die Seitenteile nacheinander an den Boden setzen und mit Klebeband fixieren.

2

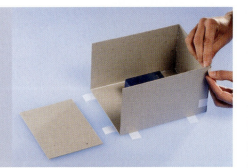

Trocknen lassen
Überflüssiger Leim, der beim Zusammensetzen herausquillt, mit einem Messer oder Falzbein entfernen. Ca. eine halbe Stunde trocknen lassen. Nach dem Trocknen die Klebestreifen entfernen.

3

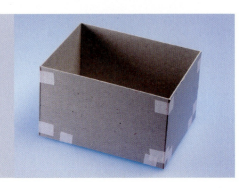

PAPETERIE

Überzug zuschneiden

Der Kasten wird in fünf Teilen überzogen, die Papiere vorher zuschneiden. Seitenlängsteile: 2 Papiere à 20 cm x 14 cm; Seitenbreitteile: 2 Papiere à 17,3 cm x 14 cm; Boden: 20 cm x 15 cm.

4

Überziehen

Die Seitenbreitteilüberzüge ganzflächig mit Leim anstreichen und flach auf den Tisch legen. Das Seitenbreitteil auf das Papier stellen, so dass ringsum etwa 1 cm überstehen. Das Papier gut anreiben. Die Überstände auf den Kasten kleben. Den Papierüberstand bei der Kastenöffnung an den Ecken einschneiden und im Kasten festkleben. Mit dem zweiten Seitenbreitteil den Seitenlängsteilen und dem Boden ebenso vorgehen.

5

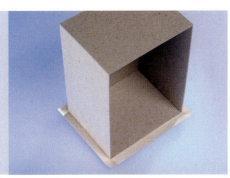

Innenteile zuschneiden und auskaschieren

Die Innenkaschierung des Kastens erfolgt ebenfalls in fünf Teilen. Seitenlängsteile: 2 Papiere à 13 cm x 19,8 cm; Seitenbreitteile: 2 Papiere à 13 cm x 17 cm, Boden: 1 Papier 14,8 cm x 19,8 cm.
Es wird mit den Seitenbreitteilen begonnen. Danach die Seitenlängsteile und am Schluss den Boden einkleben.

6

Deckel ausmessen und fünf Teile zuschneiden

Damit der Deckel gut passt, muss man ihn größer zuschneiden als das Unterteil. Wie viel größer, ergibt sich aus dem Material, mit dem man den Kasten überzieht. Bei einem Papierüberzug genügen 3 mm. Maße für den Deckel: Boden; 15,6 cm x 20,6 cm; 2 Seitenlängsteile: à 20,6 cm x 4 cm; 2 Seitenbreitteile: à 15,9 cm x 4 cm. Der Deckel wird genauso gefertigt wie das untere Teil, siehe Punkte 2 bis 7.

7

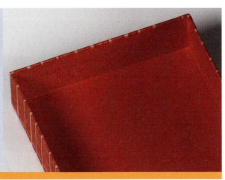

Hinweise

◆ Auch eine fertige Schachtel, die in Découpagetechnik beklebt wurde, kann wie hier beschrieben auskaschiert werden.

◆ Wem das Auskaschieren zu aufwändig ist, kann die Schachtel auch innen mit Acrylfarbe bemalen.

◆ Sie können die Schachtel auch mit Stoff auskaschieren.

◆ Bei der Innenkaschierung an den Seitenbreitteilen die Ecken vor dem Einkleben abschneiden und knapp einschneiden, dann lässt sich das Papier leichter in die Ecke einarbeiten.

Kasten mit Klappendeckel

Material zuschneiden und zusammensetzen. Die Seitenbreitteile und die Vorderseite des Kastens überziehen (Papierüberzug 15 cm x 9 cm). Den Deckel über die Öffnung des Kastens legen und beschweren. Den größeren Gewebestreifen ganzflächig anstreichen und von außen den Deckel damit an den Kasten hängen. Nach dem Trocknen den Kasten öffnen und so hinlegen, dass der Deckel flach auf dem Tisch liegt. Den zweiten Gewebestreifen von innen in das Gelenk kleben und mit dem Falzbein gut in das Gelenk reiben. Offen liegend trocknen lassen. Den Deckel schließen und das hintere Seitenlängsteil, den Boden und den Deckel überziehen. Den Kasten wie den Stülpdeckelkasten auf Seite 53 innen auskaschieren.

MOTIVHÖHE
ca. 7 cm

MATERIAL
- Graupappe, 1,5 mm stark Boden: 15 cm x 10 cm, 2 Seitenlängsteile, 15 cm x 7 cm; 2 Seitenbreitteile, 10,3 cm x 7 cm; Deckel, 15,3 cm x 10,3 cm
- 2 Streifen Bucheinbandgewebe (zum Anhängen des Deckels an den Kasten), 3 cm x 15,3 cm und 3 cm x 14,9 cm
- Überzugspapier: 2 Seitenbreitteile, 12,3 cm x 9 cm; Seitenlängsteil, 15 cm x 9 cm; Seitenlängsteil, 15 cm x 8 cm; Boden, 15 cm x 10 cm; Deckelüberzug, 17,3 cm x 11,3 cm

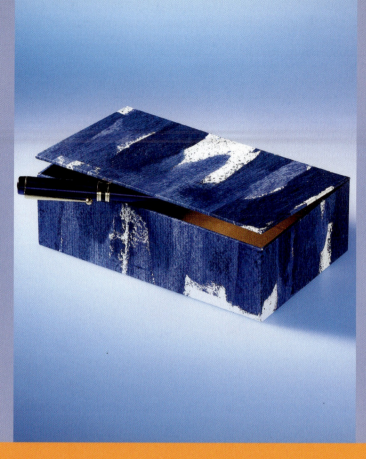

IDEENINSEL

MOTIVHÖHE
ca. 15 cm

MATERIAL
- 2 Pappen, 1,5 mm stark, 10 cm x 15 cm (Buchdeckel)
- 2 Überzugspapiere, 12 cm x 17 cm
- 2 Papiere für die Kaschierung, 9,6 cm x 14,6 cm
- 3 Mappenbänder, ca. 1 cm breit, 13 cm lang

Zauberbuch

Das Material nach Angaben zuschneiden.
Die Deckel überziehen wie beim Leporello auf Seite 51.
Die Deckel mit den drei Mappenbändern zusammenhängen (siehe Abb.). Das Papier für die Außenkaschierung anstreichen und auf die Deckel über die Enden der Mappenbänder kleben.

Hinweis

- Das Zauberbuch lässt sich auf zwei Seiten öffnen. Wenn man ein Papier unter die Bänder der einen Seite legt, das Buch schließt und auf der anderen Seite wieder öffnet, liegt das Papier auf der anderen Seite.

Heft aus Öltunkpapier

Das Heft wie auf Seite 50 beschrieben herstellen.
Bevor der Umschlag festgeklebt wird, das Fenster fertigen.
Die Größe des Bildes ausmessen und den Ausschnitt ringsum 2 mm kleiner als das Bild oder Etikett auf der Rückseite des Umschlagpapiers aufzeichnen. Von einer Ecke diagonal zur anderen Ecke schneiden. Ebenso mit den anderen beiden Ecken verfahren. Die dabei entstehenden Dreiecke nicht abschneiden. Die Dreiecke umklappen und das Bild einlegen. Die Dreiecke wieder zuklappen.
So befestigt man das Bild, ohne es zu kleben.

MOTIVHÖHE
ca. 16 cm

MATERIAL
- 4 Bogen Papier für den Inhalt, 16 cm x 20 cm
- Buntpapier für den Umschlag, 16 cm x 42 cm

VORLAGE
Seite 126

PAPETERIE

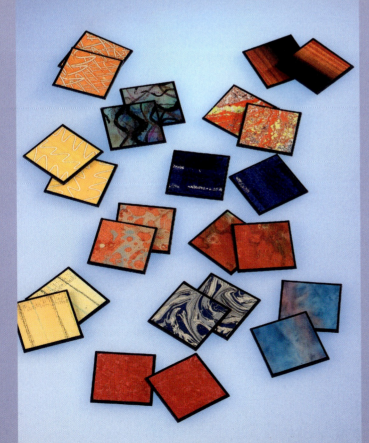

MOTIVHÖHE
ca. 5 cm

MATERIAL
- 24 Pappstücke, 5 cm x 5 cm
- 24 Überzugspapiere der gleichen Farbe, 7 cm x 7 cm
- 12 x 2 Buntpapierreste, 4,6 cm x 4,6 cm

Memo-Spiel

Das Material zuschneiden. Die Rückseite der Pappstücke mit dem Überzugspapier beziehen. Die Innenseite mit den Buntpapierresten bekleben.

Tipps & Tricks

- Aus dem recht einfach herzustellenden Memo-Spiel wird ein besonders schönes Geschenk, wenn man dazu eine passende Schachtel baut.

KARTEN

PAPETERIE

SCHÖNE DINGE

IDEENPOOL

Immer die passende Idee

Gerade bei geschöpftem Papier und Buntpapieren stellt sich danach die große Frage: Was macht man damit? Schließlich sind die Papiere zu schade um in der Schublade zu landen oder nur als Geschenkpapier zu dienen. Daher gibt es in diesem Buch auch die Techniken der Découpage und der Papeterie/Buchbinderei. Im Ideenpool finden Sie zahlreiche Gestaltungsmöglichkeiten für die Papiere. Von der einfachen Faltidee bis zur Kombination mehrerer Techniken.

Mit Materiallisten und Anleitung

Der Ideenpool soll keinen Sprung ins kalte Wasser bedeuten, daher sind die Materialien, die nicht jeweils als Grundausstattung erläutert wurden, aufgelistet. Die Papiere sollen natürlich nur Anregungen sein, schließlich gilt es Ihre eigenen, individuellen Papiere zu verarbeiten.

Tipps und Tricks für gutes Gelingen

Die Grundtechniken sind zwar erklärt, aber manchmal muss man doch wieder von der Grundanleitung abweichen. Oder Ihnen fehlt noch die Übung und Sie benötigen daher ein paar Anregungen. Da noch kein Meister vom Himmel gefallen ist, helfen Tipps und Tricks in diesem Kapitel weiter.

Hinweise

◆ Zum Nacharbeiten der Modelle werden die im Workshop gelernten Dinge vorausgesetzt. Verweise auf die entsprechenden Seiten im Workshop erleichtern das Nachschlagen, wenn Sie einmal etwas vergessen haben.

◆ In den Materiallisten werden die im Workshop als Grundausstattung aufgeführten Materialien und Hilfsmittel nicht mehr aufgeführt.

◆ In der Papetierieabteilung von Bastelläden finden Sie auch bereits fertige geschöpfte Papiere, manchmal auch Buntpapier. Diese können Sie einsetzen, wenn Sie einmal nichts auf Lager haben sollten. Zum Beziehen von Kästen und Binden von Büchern können Sie auch Geschenkpapier verwenden.

◆ Die Modelle im Ideenpool sind in folgende Schwierigkeitsgrade unterteilt:
۞ einfach
۞۞ etwas schwieriger
۞۞۞ anspruchsvoll

KARTEN

KARTEN

GEPRÄGTE KARTEN

Karte mit geprägtem Rosenmotiv

1 Ein Blatt in Größe A5 schöpfen (siehe Grundanleitung Seite 11).

2 Dieses geschöpfte Papier während des Trockenprozesses in noch feuchtem Zustand prägen.

3 Eine selbst hergestellte, reliefartige ovale Tonmodel (der Ton wurde gebrannt) unter das geschöpfte Papier legen und mit den Fingerspitzen fest abformen, so dass eine Prägung entsteht.

4 Nach dem Trocknen das Blatt entfernen.

5 Das Papier zur Karte falten.

6 Zum Beschriften ist es sinnvoll, eine Einlegekarte einzuschieben.

7 Falls der Büttenrand noch bearbeitet werden soll, kann dieser mit einer Zackenschere zugeschnitten werden.

Bremer Stadtmusikanten

1 Ein kleines Blatt in Größe A6 schöpfen (siehe Grundanleitung Seite 11).

2 Dieses geschöpfte Papier wird in noch feuchtem Zustand in die Tonmodel gedrückt und gut geformt.

3 Ist das Papier relativ stabil, kann es zum Trocknen auch von der Model abgezogen werden, ansonsten ist es ratsam, bei dünnen Papieren zu warten und diese auf der Model zu trocknen.

4 Das geprägte Papier mit Holzleim oder Klebestift auf eine bereits gefaltete Karte kleben.

5 Zusätzlich kann mit einem Zeichenstift bzw. Gold- oder Silberfarbe noch der Rahmen um die rechteckige Prägeform verziert werden.

SCHWIERIGKEITSGRAD
👁👁

MOTIVGRÖSSE
Karte mit geprägtem Rosenmotiv
ca. A6
Bremer Stadtmusikanten ca. A6

TECHNIK
Papier schöpfen

MATERIAL
KARTE MIT GEPRÄGTEM ROSENMOTIV
- Grundausstattung Papier schöpfen
- Tonmodel: Rose
- Altpapier (Pulpe aus bedruckten Papieren)
- Einlegekarte, A6
- ggf. Zackenschere

BREMER STADTMUSIKANTEN
- Grundausstattung Papier schöpfen
- Altpapier (Pulpe aus bedruckten Papieren)
- fertige Karte aus Tonpapier
- Klebstoff
- Tonmodel: Bremer Stadtmusikanten
- ggf. Acrylfarbe in Gold oder Silber

Tipps & Tricks

◆ Prüfen Sie, ob die Karte in einen Briefumschlag passt. Es bleibt Ihrem Geschmack überlassen, ob der Rand abgeschnitten werden soll. Dazu gibt es verschiedene Wellen- oder Zackenscheren.

◆ Steht keine Rosenmotiv-Model zur Verfügung, kann jede andere Model aus Holz, Wachs oder Kunststoff zum Prägen benutzt werden.

◆ Viele Formen aus dem Haushalt bieten sich an, abgeformt zu werden.

IDEENPOOL

BLÜTENKARTEN

Tipps & Tricks

◆ Probieren Sie den Stift auf einem Probepapier aus. Es darf während des Schreibens nicht zu lange auf einer Stelle verweilt werden, weil die Farbe sonst zerfließt.

SCHWIERIGKEITSGRAD
☻

MOTIVGRÖSSE
ca. A6

TECHNIK
Papier schöpfen

MATERIAL
- Grundausstattung Papier schöpfen
- Pulpe in Weiß
- Holzklötzchen oder Moosgummi zum Aussparen der Fenster
- Permanentmarker in Schwarz, wasserfest
- Klebstoff

DIE BLUMEN DES FRÜHLINGS
- gepresste Krokusblüte in Gelb

GERAHMTE BLÜTEN
- kleine Blüten (frisch oder getrocknete Malven)
- Nähgarn
- Nähmaschine

PINIENGESTALTEN
- Pinniennadeln

Die Blumen des Frühlings

1 Ein Blatt im Format A5 schöpfen, siehe Grundanleitung Seite 11.

2 Kurz nach dem Herausheben und Auflegen des Schöpfrahmens die Blüte einlegen und schöpfend integrieren.

3 Das Papier pressen und trocknen.

4 Nach dem Trocknen eine Doppelkarte falten.

5 Mit einem dünnen Zeichenstift zügig ein Gedicht auf das Papier schreiben.

Gerahmte Blüten

1 Eine Passepartoutkarte mit einem A5-Rahmen mit relativ großem Fenster schöpfen. Dort, wo der Ausschnitt des Rahmes sein soll, ein Holzklötzchen oder ein Stück Moosgummi als Platzhalter legen (siehe Anleitung Seite 23).

2 Im Format A6 oder einem etwas kleineren Rähmchen wird eine kleine Karte zum Einlegen geschöpft und mit Blüten gestaltet.

3 Nach dem Trocknen wird das Passepartout mit dem Blütenpapier hinterlegt und direkt mit der Nähmaschine in großem Steppstich festgenäht.

4 Die Karte falten. Die Besonderheit: Bei dieser Karte wird nicht geklebt!

Piniengestalten

1 Ein Blatt im Format A5 schöpfen, siehe Grundanleitung Seite 11.

2 Kurz nach dem Herausheben und Auflegen des Schöpfrahmens die Nadeln einlegen und schöpfend integrieren.

3 Das Papier pressen und trocknen.

4 Nach dem Trocknen eine Doppelkarte falten.

5 Mit einem dünnen Zeichenstift zügig Umrisse und Köpfe auf das Papier zeichnen.

KARTEN

61

IDEENPOOL

PASSEPARTOUT-KARTEN

Tipps & Tricks

◆ Das hinterlegte Papier wird mit seinem Motiv entsprechend der Fenstergröße ausgewählt, aufgezeichnet und exakt ausgeschnitten.

◆ Es können, wie bei der Mohnkarte, auch zwei Fenster geschöpft werden.

SCHWIERIGKEITSGRAD
◐

MOTIVGRÖSSE
ca. A6

TECHNIK
Papier schöpfen

MATERIAL
◆ Grundausstattung Papier schöpfen
◆ Holzklötzchen oder Moosgummi zum Aussparen der Fenster
◆ Spatel
◆ Pulpe in Weiß bzw. Grau
◆ Papier zum Hinterlegen (z. B. Transparentpapier, Fotos)
◆ Klebstoff

Mohnblume und Löwenzahn

1 Nach Anleitung auf Seite 11 vorgehen. Ein Papier im Format A5 schöpfen und abgautschen.

2 Auf die rechte Hälfte Transparentpapier oder ein Foto auflegen.

3 Nochmals ein Papier im Format A5 schöpfen, ein Holzklötzchen oder ein Stück Moosgummi, das an allen Seiten ca. 1 cm kleiner ist, an der Stelle auf den Schöpfrahmen legen, wo der Bildausschnitt sein soll. So entsteht ein Fenster im geschöpften Papier, siehe Anleitung auf Seite 23.

4 Das geschöpfte Papier abgautschen.

5 Anschließend wie gewohnt pressen, trocknen und falten.

Winterbuche

1 Bei dieser Karte ist der Bildausschnitt unregelmäßig, es wird nur eine Schicht geschöpft, daher benötigt man ein Einlegeblatt. Zunächst ein Papier in Kartengröße, als Faltkarte in A5, schöpfen.

2 Kurz nach dem Schöpfvorgang die Pulpe auf dem Schöpfgitter mit einem Spatel zu einem unregelmäßig Loch herausschieben, evtl. die Papiermasse mit den Fingern wegnehmen.

3 Nach dem Gautschen, Pressen und Trocknen ein Foto hinterlegen und ankleben.

KARTEN

63

IDEENPOOL

BLÜTENMÄDCHEN

Tipps & Tricks

◆ Probieren Sie den Stift auf einem Probepapier aus. Es darf während des Schreibens nicht zu lange auf einer Stelle verweilt werden.

◆ Sie können in dieser Technik nicht nur Figuren, sondern auch Landschaften gestalten. Dabei bietet es sich an, diese Technik mit den mehrfarbigen Papieren auf Seite 18 zu kombinieren.

SCHWIERIGKEITSGRAD
👓

MOTIVGRÖSSE
ca. A6

TECHNIK
Papier schöpfen

MATERIAL
- Grundausstattung Papier schöpfen
- Pulpe in Weiß
- getrocknete Blüten und Gräser
- Zeichenstift

1 Bei diesen Karten sind die eingeschöpften getrockneten Blumen bewusst so platziert, dass daraus Blütenmädchen werden. Man nennt das Karte mit geplanter Bildgestaltung. Nach Anleitung auf Seite 11 ein Papier in Größe A5 schöpfen.

2 Direkt nach dem Schöpfen durch das Legen der Blüten eine Figur andeuten. Besonders anmutig sehen die Blütenmädchen mit einer Blütenkopfbedeckung aus und wenn sie eine Blüte oder ein Gras in der Hand halten.

3 Nach dem Gautschen, Pressen, Trocknen und Falten ein Gesicht und die Umrisse mit einem dünnen Zeichenstift zeichnen.

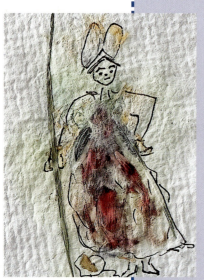

KARTEN

PAPETERIE

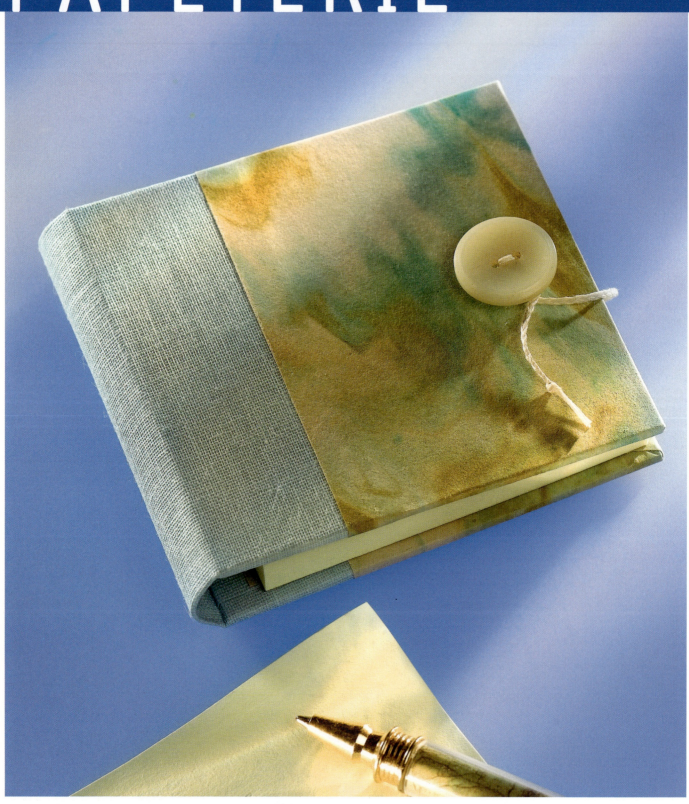

PAPETERIE

EINFACHE MAPPE FÜR NOTIZBLOCK

1 Alle Materialien zuschneiden. An der Anleitung auf Seite 51 orientieren.

2 Den größeren Gewebestreifen auf der Rückseite ganzflächig mit Leim anstreichen und den Papierstreifen (Rückeneinlage) mittig auflegen und anreiben.

3 Die Deckel rechts und links vom Papierstreifen auf das Gewebe legen und anreiben. Den oben und unten überstehenden Gewebestreifen nach innen umschlagen und festkleben.

4 Den kleineren Gewebestreifen ganzflächig anreiben und mittig über den Papierstreifen und das eingeschlagene Gewebe kleben.

5 Die Mappe wenden und den Überzug von außen aufkleben. Die Papierecken schräg abschneiden und einkneifen. Den Einschlag nach innen umschlagen und festkleben.

6 Auf dem einen Deckel den Knopf annähen und auf dem anderen das Band festknoten.

7 Die Deckel innen auskaschieren und den Notizblock einkleben.

8 Nachdem die Mappe gut ausgetrocknet ist, wird sie geschlossen, indem man die Kordel ein paar Mal um den Knopf wickelt.

SCHWIERIGKEITSGRAD
◐◐◐

MOTIVHÖHE
ca. 8 cm

TECHNIK
Papeterie

MATERIAL
- 2 Graupappen, 1 mm stark, 8 cm x 8 cm (Deckel)
- Papierstreifen, 1 cm x 8 cm (Rückeneinlage)
- Gewebestreifen aus Bucheinbandgewebe, 3 cm x 10 cm
- Gewebestreifen aus Bucheinbandgewebe, 3 cm x 7,8 cm
- 2 Papiere für den Überzug, 10 cm x 8,5 cm
- 2 Buntpapiere für die Innenkaschierung, 7,6 cm x 7,6 cm
- Knopf für den Verschluss
- Kordel oder Faden für den Verschluss

Tipps & Tricks

◆ Statt eines Notizblockes können Sie auch Laschen einkleben und darin Visitenkärtchen und andere Adressen sammeln.

◆ Die Papiere für den Überzug wurden als Papierbatik gestaltet. Diese und weitere Buntpapiergestaltungen finden Sie in Kapitel 2 ab Seite 28.

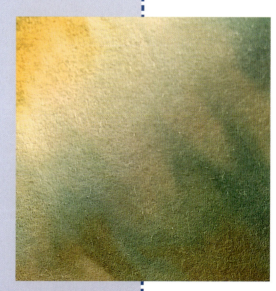

IDEENPOOL

BUCHZEICHEN, NOTIZBLOCK & KARTEN

Tipps & Tricks

◆ Stellen Sie mehrere Streifen mit verschiedenen, selbst ausgedachten Faltungen und Färbungen her. Die Schönsten auswählen und damit Buchzeichen, Karten, Tischkärtchen oder Briefumschläge verzieren.

SCHWIERIGKEITSGRAD
◎◎

MOTIVHÖHE
Buchzeichen ca. 24 cm
Notizblock ca. 13 cm

TECHNIK
Wachsbatik

MATERIAL BUCHZEICHEN
- Batik- und Färbefarbe, Holzbeize oder Seidenmalfarbe in Rot, Gelb und Violett
- Batikpapier, 19 g/m², pro Buchzeichen 20,5 cm x 4,5 cm
- Fotokarton in Gelb und Weiß, pro Buchzeichen 24 cm x 6 cm
- dünner Haarpinsel
- Klebestift
- Satinband in Rot oder Gelb, 5 mm breit, je 1 m lang
- Lochzange oder Bürolocher

NOTIZBLOCK UND KARTEN
- Batik- und Färbefarbe, Holzbeize oder Seidenmalfarben in Blau und Gelb
- Universalpapier in Weiß, A4
- Christbaumkerzen oder Haushaltskerzen in Weiß
- Borstenpinsel zum Einfärben des Papiers
- Fotokarton in Weiß, A4 (Karten)

VORLAGE
Seite 127

Gelbes Buchzeichen

1 Das zugeschnittene Batikpapier in der Länge dreimal aufeinander falten. Diese Faltung zweimal in der Breite falten (siehe Skizze auf Seite 127).

2 Ein Ende kurz in Gelb tauchen. Das andere Ende kurz in Rot tauchen. Einen weißen Streifen dazwischen stehen lassen. An den Seiten mit dem Pinsel die Kanten violett einfärben (siehe Zeichnung Seite 127). Trocknen lassen, auffalten und bügeln. Den Streifen mittig auf den Fotokartonstreifen kleben.

3 Unten in der Mitte mit der Lochzange ein Loch knipsen. Drei rote Satinbändchen à 30 cm abschneiden, diese durch das Loch fädeln und zusammenknoten.

Weißes Buchzeichen

1 Das Batikpapier viermal in der Länge zusammenfalten. Mit einem Ende kurz in Rot tauchen. Die beiden langen Seiten mit dem Pinsel mit Rot und Gelb bearbeiten. Den weißen Streifen stehen lassen (siehe Zeichnung).

2 Trocknen lassen, auffalten und bügeln. Mittig auf den Fotokartonstreifen kleben. Die Satinbändchen wie oben beschrieben anbringen.

Notizblock und Karten

1 Auf das Papier mit der angezündeten Kerze Wachs auftropfen.

2 Hellblau mit viel Wasser anmischen. Das Blatt mit hellblauer Farbe übermalen. Trocknen lassen.

3 Wieder Wachstropfen aufs Papier bringen.

4 Hellgrün aus Gelb und etwas Blau mischen. Mit hellgrüner Farbe übermalen. Trocknen lassen. Auf eine Hälfte Wachstropfen aufbringen. Die Hälfte des Papiers, die mit den hellgrünen Tropfen, mit blauer Farbe überstreichen. Trocknen lassen und anschließend bügeln.

5 Aus dem fertigen Papier unter Verwendung einer Schablone Herzen und Dreiecke für die Karten und das Papier für den Deckel des Notizblöckchens ausschneiden.

6 Mit Klebestift die Motive auf die Karten bzw. die Oberseite des Blocks aufkleben.

PAPETERIE

69

IDEENPOOL

ROSEN UND HERZEN

Tipps & Tricks

◆ Oft findet man in Blumengeschäften oder bei ätherischen Ölen auch schöne Duftsteine, die sehr gut zum Prägen geeignet sind.

◆ Beim Reservieren von Fenstern kommt es auf sorgfältiges Arbeiten an, denn beim Abziehen der Vliese kann es evtl. zu Einrissen kommen. Den aufgelegten Moosgummikreis erst dann entfernen, wenn das Wasser etwas abgetropft ist.

◆ Nach dem Schöpfvorgang die Bütte abfiltern. Die Pulpe mit der Hand im Küchensieb entwässern. Mit dieser Masse kann Papier gegossen werden, z. B. das Herz.

◆ Das Herzförmchen eignet sich zum Füllen, Dekorieren oder zum Zusammenbinden, wenn man zwei davon herstellt, als gefülltes Herz.

SCHWIERIGKEITSGRAD
◐

MOTIVHÖHE
Dose ca. 14 cm, Herz ca. 8 cm, Karten ca. A6

TECHNIK
Papier schöpfen

MATERIAL ROSENKARTE
- Grundausstattung Papier schöpfen
- flach geformte Rose zum Prägen
- Pulpe in Grau (aus Zeitungspapier)
- Klapp-Karte in A3
- Pinsel
- Acrylfarbe in Gold

PASSEPARTOUTKARTE ROSE
- Grundausstattung Papier schöpfen
- Pulpe in Weiß
- Transparentpapier mit Rosendruck
- Moosgummikreis, ø ca. 1 cm kleiner als das Transparentpapier

HERZ
- Plexiglasform (Herz) oder eine Seifenschale mit glatter Oberfläche, ca. 8 cm hoch
- Pulpe in Weiß
- Küchensieb
- evtl. Materialien zum Einlegen
- Acrylfarbe in Gold
- Pinsel
- Schwamm oder Sauglappen

HERZDOSE
- gereinigte Blechdose mit Deckel aus dem Haushalt
- Papier in Blau und Weiß
- Prägeform, die in den Deckel passt (z. B. Pralinenförmchen, Sandförmchen)
- Klebstoff (Holzleim)
- Schere

Rosenkarte

1 Ein graues Blatt im Format A5 schöpfen, siehe Seite 11. Nach dem Abgautschen und Pressen das Papier nicht ganz trocknen lassen.

2 In noch feuchtem Zustand das Prägemotiv unter das feuchte, handgeschöpfte Papier legen und mit den Fingern durch sanften Druck prägen. Dabei sehr behutsam vorgehen, damit das Blatt keine Risse bekommt und das Motiv gut sichtbar wird.

3 Die Form bleibt bis zum entgültigen Trocknen darunter liegen. Nach dem Trocknen einzelne Partien des geprägten Objektes mit Goldfarbe bestreichen.

Passepartoutkarte Rose

1 Ein Papier im Format A5 schöpfen. Auf die rechte Seite des Blattes das Transparentpapier mit dem Rosendruck platzieren.

2 Auf der rechten Seite des Schöpfrahmens, an der Stelle, wo der Ausschnitt für die Rose sein soll, den Moosgummikreis legen, siehe Anleitung Seite 23. Ein Papier schöpfen und auf das erste Blatt abgautschen.

3 Nach dem Abgautschen den Moosgummikreis vorsichtig entfernen. Die Karte pressen, trocknen und falten.

Herz

Nach Anleitung auf Seite 13, Papier gießen, fertigen.

Herzdose

1 Deckelgestaltung: Ein feuchtes, handgeschöpftes Papier auf die Prägeform legen und andrücken. Nach dem Prägen und Trocknen in Deckelgröße eine Form ausschneiden, die in das Innere des Deckels passt. Deckel haben eine tiefer liegende Innenfläche, in welche das Motiv passen muss! Der Außenteil des Deckels mit weißem, feuchtem, frisch geschöpftem Papier abdrücken und rundherum an den Seitenkanten andrücken. Überstehende Papierkanten abschneiden. Das geformte Papier an den Deckel kleben. Das Innenmotiv (Herz) einkleben.

2 Die Dose mit einem Bogen Papier beziehen. Die obere Kante nach innen umbiegen und die untere am Dosenboden nach innen biegen, einschneiden und ankleben.

UNTERKAPITEL

71

IDEENPOOL

BRIEFUMSCHLÄGE

Tipps & Tricks

◆ Aus einem quadratisch geschöpften Blatt lassen sich, diagonal zugeschnitten, zwei Dreiecke anfertigen. Somit können Sie aus einem Papier gleich zwei Umschläge herstellen.

◆ Es kann nach Belieben ein Knopf an die Deckklappe angenäht werden.

SCHWIERIGKEITSGRAD
◐

MOTIVGRÖSSE
ca. A6

TECHNIK
Papier schöpfen

MATERIAL
- handgeschöpftes Papier in Schwarz-Weiß, quadratisch
- Notenblätter (Kopien, Originale, Geschenkpapier)
- Nähseide
- Klebstoff (Holzleim)
- Nähmaschine
- Lineal
- Schere
- Falzbein
- evtl. Nähnadel

1 Papier aus melierter Pulpe schöpfen (siehe Seite 11), dazu wird separat schwarze Pulpe und weiße Pulpe hergestellt und beides zusammengeschüttet. Bunte Schnipsel aus nicht ganz fein gemixtem buntem Altpapier bereichern die Masse.

2 Das gepresste, getrocknete Blatt diagonal falten und auseinander schneiden.

3 In derselben Größe ein Notenblatt zuschneiden.

4 An der Längsseite des Dreiecks Notenpapier und handgeschöpftes Papier übereinander legen und mit großen Steppstichen zusammennähen.

5 Zum Falten des Briefumschlages eine Briefkarte schräg einlegen. Die Spitze des Notenblattes bis zur oberen Mitte der eingelegten Karte hochziehen und falzen.

6 Die seitlichen Spitzen nach innen falten, so dass kleine Überlappungen zum Kleben bleiben. Die obere Spitze als letztes herunterklappen.

7 Alle gefalteten Klappteile wieder öffnen, mit Kleber einstreichen und zusammenkleben. Zum Trocknen werden die Umschläge beschwert.

PAPETERIE

IDEENPOOL

STAPELBOXEN

Tipps & Tricks

◆ Am schönsten sind die kleinen Schachteln, wenn sie mit verschiedenen bunten Papieren überzogen werden.

◆ Die hier gezeigten Papiere werden wie folgt angefertigt: wenig Kleister mit Farbe mischen und mit etwas Wasser verdünnen. Diese dann mit einem groben Borstenpinsel in schnellen Strichen auftragen oder mit einem Schwamm auftupfen.

◆ Nach dem gleichen Prinzip können Sie auch Stapelboxen etwas größer als A4 fertigen und darin Briefe, Rechnungen und andere Unterlagen aufbewahren.

SCHWIERIGKEITSGRAD
◉◉◉

MOTIVHÖHE
ca. 5 cm (pro Box)

TECHNIK
Papeterie

MATERIAL JE KASTEN
- Grundausstattung Papeterie
- Graupappe, 1 mm stark
  – Bodenteil, 5 cm x 5 cm
  – 2 x Seitenlängsteil, 5 x 5 cm
  – 2 x Seitenbreitteil, 5,2 x 5 cm
  – Deckel, 5,2 cm x 5,2 cm und 4,9 cm x 4,9 cm
  – Stapelboden, 4,9 cm x 4,9 cm
- Buntpapier:
  Bodenteil: 7 cm x 7 cm
  Seiten: 7 cm x 21 cm
- Papier in Schwarz, 7 cm x 7 cm und 6,5 cm x 6,5 cm

1 Die Schachteln zusammensetzen und überziehen wie beim Stülpdeckelkasten auf Seite 52 beschrieben.

2 Damit sich die Schachteln stapeln lassen, wird auf den Boden ein Stück Pappe im Maß 4,9 cm x 4,9 cm geklebt. Das Pappstück vor dem Aufkleben mit Papier überziehen.

3 Als Deckel bekommen diese Schachteln einen Einsatzdeckel. Dazu ein Stück Pappe mit dem Maß 5,2 cm x 5,2 cm und ein Stück mit dem Maß 4,9 cm x 4,9 cm zuschneiden. Beide Teile überziehen. Das kleine Teil mittig auf das Größere kleben und unter einem Gewicht beschwert trocknen lassen.

PAPETERIE

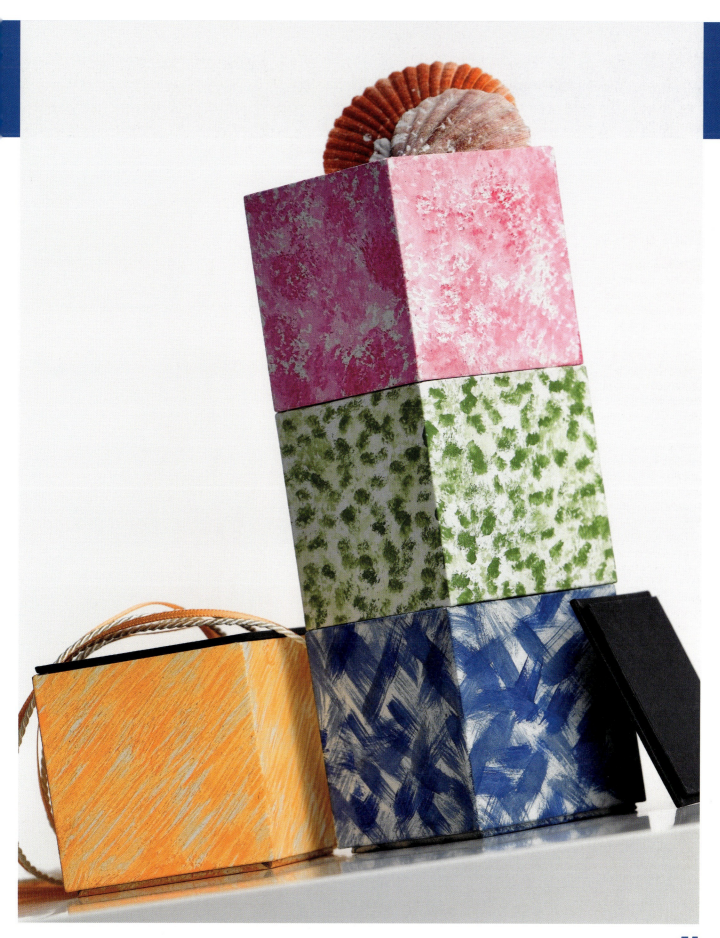

IDEENPOOL

LEPORELLO MIT ORIGAMIFALTUNG

Tipps & Tricks

◆ Herstellung der Verschlusskordel: Ein Loch in den Deckel bohren und drei Fäden, die doppelt so lang sind, wie das Band später sein soll, durch das Loch fädeln. Nun die sechs Fäden miteinander verflechten.

SCHWIERIGKEITSGRAD
◎◎◎

MOTIVHÖHE
ca. 15 cm

TECHNIK
Papeterie

MATERIAL
- Grundausstattung Papeterie
- 2 Deckel, Graupappe, 1 mm stark, 10,3 cm x 15 cm
- 2 Überzugspapiere, 12 cm x 17 cm
- festes Papier für die Leporelloseiten, 14,5 cm x 60 cm
- Knopf für den Verschluss
- Kordel oder Faden für den Verschluss

1 Das Material nach Angaben zuschneiden.

2 Den Deckel mit dem handgeschöpften Papier überziehen.

3 Auf dem einen Deckel den Knopf annähen und auf dem anderen das Band festknoten. Das Band so lange zuschneiden, dass es ganz um das Leporello herumgeführt werden kann.

4 Das Papier für die Origamifalzung ausmessen und zuschneiden. Den Streifen in 16 Abschnitte falten (Skizze 1).

5 Die Ecken im 45°-Winkel umklappen (Skizze 2) und die erste Seite aufklappen (Skizze 3). Die weiteren Ecken ebenfalls im 45°-Winkel falten bis der ganze Leporello gefaltet ist (Skizzen 4 und 5).

6 Den ganzen Streifen öffnen und die Ecken nach innen falten (Skizze 6).

7 Das Ganze drehen (Skizze 7) und die erste Seite öffnen (Skizze 8).

8 Die Ecken oben und unten nach innen falten (Skizze 9).

9 Die Origamifaltung am Anfang und am Ende ggf. um 4 mm kürzen. Die Oberseite der Origamifaltung anstreichen und auf einen Deckel kleben. Ebenso mit der Unterseite verfahren.

10 Zwischen Brettern mit einem Gewicht beschwert austrocknen lassen.

1.
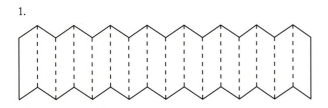

2. 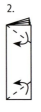   3. 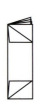   4.    5.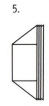

6.
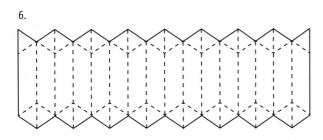

7. 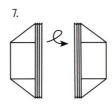   8.   9.

PAPETERIE

IDEENPOOL

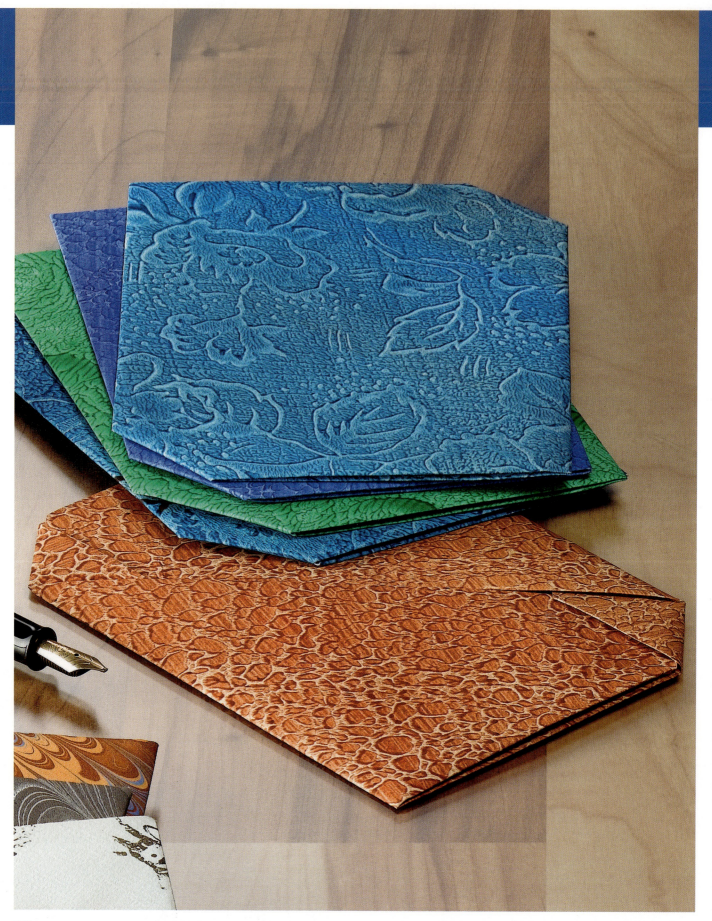

PAPETERIE

EIN BRIEFUMSCHLAG IST EIN BRIEF

Ein Briefumschlag mit sechs Ecken

1 Die Mitte an den langen Seiten markieren (a und b). Von der linken, oberen Ecke nach unten das gleiche Maß abtragen (a'). Von der Ecke rechts unten das Maß nach oben abtragen (b', Skizze 1).

2 Die Ecken nach innen falten (Skizze 2).

3 Die Kante bei a bzw. b parallel nach innen auf die von a' bzw. b' falten (Skizze 3).

4 Die obere Ecke bei b' nach unten falten und bei c in die Tasche stecken (Skizze 4).

5 Die untere Ecke bei a' nach oben in die Tasche stecken (Skizze 5).

SCHWIERIGKEITS-GRAD

MOTIVHÖHE
ca. 10,5 cm x 10,5 cm

MATERIAL
- Buntpapier, A4
- Bleistift
- Lineal
- Falzbein

Tipps & Tricks

◆ Diese Umschläge sind sehr einfach zu falten und doch besonders schön. Es ist eine sehr individuelle Geschenkidee, einige Umschläge zu fertigen und diese als Briefpapier zu verschenken. Mit stabilem Papier in einem größeren Format eignet es sich auch als Verpackung für Bücher, die nicht allzu dick sind.

◆ Es eignen sich alle Papiersorten für diese Faltungen. Allerdings muss man darauf achten, dass sich nicht alle Papiersorten beschreiben lassen, dann den Brief einlegen. Außer Buntpapier eignen sich Geschenkpapier und gefärbte Papiere bis 150 g. Beschichtete Papiere und Lackpapiere eignen sich für diese Faltungen nicht, die Kanten brechen. Die offenen Faltungen mit einem Adressaufkleber versiegeln und Briefmarken aufkleben.

◆ Ein sehr schönes und originelles Geschenk sind 24 gefaltete Briefe als Adventskalender.

IDEENPOOL

WEITERFÜHRUNG
„EIN BRIEFUMSCHLAG IST EIN BRIEF"

Tipps & Tricks

◆ Bei dieser Art von Umschlag wird einfach auf die weiße Seite der Brief geschrieben.

◆ Den Briefumschlag können Sie auch aus Japanpapier oder Geschenkpapier falten.

◆ Briefumschläge sind schöne Hüllen für kleine Geschenke oder Gutscheine.

SCHWIERIGKEITS-GRAD
◎◎

MOTIVHÖHE
ca. 10,5 cm

MATERIAL
- Buntpapier, A4
- Bleistift
- Schere
- Lineal
- Falzbein

Quadratische Umschläge

1 Das Papier mit der bedruckten Seite nach unten quer auf den Tisch legen. Die Mitte der Breite markieren und die unteren Ecken zur Mittellinie falten. Die oberen Ecken an die Kanten falten (Skizze 1).

2 Das obere Drittel nach hinten falten (Skizze 2). Dann wieder entfalten.

3 Die Mitte von E und D markieren (F). Die Linie falten. Dann ebenso bei BF verfahren (Skizze 3).

4 Die oberen Ecken rechts und links nach innen falten. Dann die rechte Ecke an der Linie BF nach unten falten. Nun das Papier an E festhalten und die Ecke zu C ziehen. Dabei klappt die Form auf. Die kleinen Dreiecke unten sowie die Tüte oben flachdrücken

5 Beide Schenkel des Dreiecks in die Tasche an der Spitze stecken (Skizze 6).

6 Den Umschlag flach drücken.

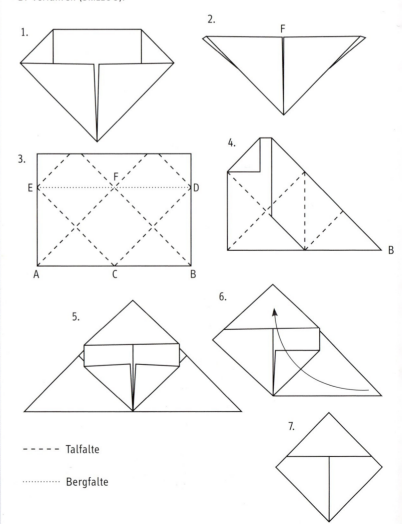

- - - - - Talfalte

.... Bergfalte

PAPETERIE

IDEENPOOL

SCHUBLADENBOX

Tipps & Tricks

◆ Mit Küchentüchern noch feuchte Farbreste von den mit Wachs bestrichenen Flächen abtupfen. Diese sind sonst noch nach dem Bügeln auf dem Motiv sichtbar.

◆ Den Trockenvorgang nicht mit einem warmen Föhn beschleunigen, da das Wachs schmilzt.

SCHWIERIGKEITSGRAD
☺

MOTIVHÖHE
ca. 24 cm

TECHNIK
Wachsbatik

MATERIAL
- Schubladenbox mit 3 Schubfächern in Blau, 24 cm x 25 cm x 33 cm
- Kaltwachs oder Batikwachs für Heißwachsbatik
- Batik- und Färbefarbe oder Holzbeize in Violett und Blau
- Universalpapier in Weiß, A4
- Haarpinsel, Größe 1 und 6
- Klebestift
- Papierküchentücher

VORLAGE
Seite 128

1 Das Motiv einmal auf ein Blatt weißes Universalpapier fotokopieren.

2 Das Wachs mit dem Pinsel auf diejenigen Kreise auftragen, die Weiß bleiben sollen. Wachs gut durchtrocknen lassen.

3 Hellblau aus Blau und der doppelten Menge Wasser anmischen. Das Blatt mit hellblauer Farbe nicht allzu nass übermalen. Trocknen lassen.

4 Die hellblauen Kreise mit Wachs abdecken. Trocknen lassen.

5 Die restlichen Kreise in Violett ausmalen. Trocknen lassen. Die verbliebene Fläche mit dunkelblauer Farbe übermalen. Trocknen lassen.

6 Das getrocknete Blatt zwischen mehreren weißen Blättern auf „Baumwolleinstellung" bügeln.

7 Das fertige Blatt in drei Teile für die Schubfächer schneiden, mit Klebestift auf die Schubladenfront kleben. Grifflöcher ausschneiden.

PAPETERIE

IDEENPOOL

BLAUER KARTON

Tipps & Tricks

◆ Handgefertigte Buntpapiere längere Zeit durchtrocknen lassen, dann können sie für Klebearbeiten verwendet werden. Viele Buntpapiere können nicht ins Wasser gelegt werden, sie färben, die Farbe löst sich leicht auf, bzw. sie verschmiert. Eine Ausnahme bilden die Öltunkpapiere.

◆ Für die Schachtel wurde Kleisterpapier verwendet. Wie dieses angefertigt wird, erfahren Sie ab Seite 29.

SCHWIERIGKEITSGRAD
◐

MOTIVHÖHE
ca. 16 cm

TECHNIK
Papeterie

MATERIAL
- Karton aus Pappe, 22 cm x 30 cm
- Buntpapier, A3
- Futterpapier/ Maschinenbütten, A3
- Schere
- Lineal
- Bleistift
- Falzbein
- feiner, glatter Leinenlappen
- Bastel -oder Weißleim

1 Das Papier für die Seiten des Unterteils und die Deckelseiten am oberen und unteren Rand jeweils 5 mm größer zuschneiden und diese in Zacken schneiden.

2 Das Papier nach dem Zurechtschneiden auf der Rückseite mit Kleister zügig und gleichmäßig einstreichen, einen Moment ruhen lassen (das Papier muss sich dehnen).

3 Anschließend auf den Karton aufbringen, vorsichtig glatt streichen, die Luftblasen herausstreichen, das Papier über die Ränder umbiegen und ebenfalls glatt streichen.
Mit dem Leinenlappen die Flächen nochmals glatt streichen.

4 Ebenso mit dem Deckel verfahren.

5 Um ein Verbiegen des Kartons und des Deckels zu verhindern, auch die Innenseiten mit einem Maschinenbüttenpapier in gleicher Grammatur auskleiden.

6 Den Karton gut austrocknen lassen.

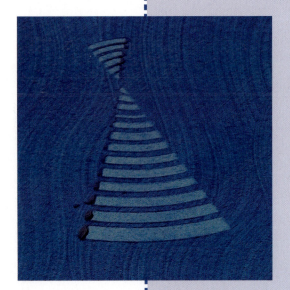

PAPETERIE

IDEENPOOL

86

PAPETERIE

EDEL VERSCHENKEN

Kleine Geschenkboxen

1 Das Papier hochkant legen und an der schmalen Seite die Drittel markieren. Das rechte Drittel nach links, das linke nach rechts falten und jeweils wieder entfalten (Skizze 1).

2 Das Blatt auf die Hälfte falten, entfalten und das untere Drittel zur Mittellinie falten (Skizze 2).

3 Eine Diagonale von C zu G und von D zu H falten. Dazu das Papier umdrehen, die Faltlinie mit einer Prickelnadel o. Ä. leicht eindrücken und so die Bergfalten machen (Strich-Punkt-Linie, Skizze 3).

4 Die Mittelpunkte von A und B sowie E und F markieren und die Linien bergfalten (Skizze 4).

5 Die seitlichen Drittel nach innen falten und das obere Viertel zur Mittellinie falten (Skizze 5).

6 Die Diagonalen von M zu J und K zu L wie in Schritt 3 beschrieben falten (Skizze 6).

7 Nun die Geschenkbox zusammenfalten: Dazu die Ecke C zu Punkt P ziehen, sodass sich das linke, vordere Dreieck zusammenfaltet und an der Innenseite des vorderen Quadrats zu liegen kommt. Ebenso auf der anderen Seite verfahren, hier Ecke D nach links innen schieben (Skizze 7).

8 Zum weiteren Zusammenfalten das rechte und linke Drittel des Papiers nacheinander nach innen klappen. Dabei schieben sich die vorgefalteten Dreiecke ineinander, die Taschenklappe ragt nach oben. Die Taschenklappe vorne einstecken, siehe Pfeil. Ein Bändchen um die Tasche binden (Skizze 8).

SCHWIERIGKEITSGRAD
◐◐◐

MOTIVHÖHE
ca. 8 cm

MATERIAL KLEINE GESCHENKBOXEN
- Buntpapier, A4
- Lineal
- Bleistift
- Ggf. Falzbein
- Bändchen

Tipps & Tricks

◆ Wenn Sie die Tasche nicht nach jedem Öffnen neu falten möchten, können Sie bei Schritt 7 den in der Skizze linken Teil zusammenkleben.

◆ Diese Faltung ist nicht ganz einfach, daher ist es am besten, Sie machen mit einfachem Papier eine Probefaltung, damit gutes Papier nicht unnötig beschädigt wird.

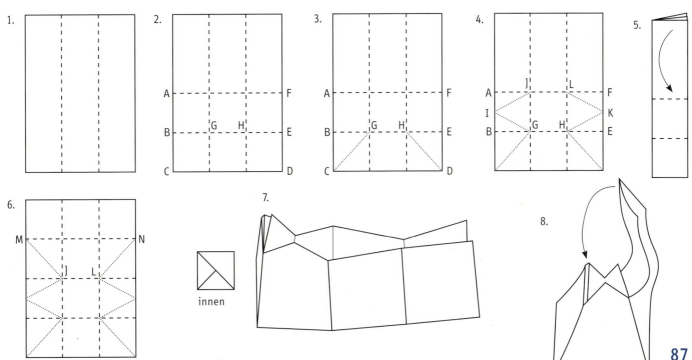

87

IDEENPOOL

WEITERFÜHRUNG „EDEL VERSCHENKEN"

Tipps & Tricks

◆ In dieser Verpackung lassen sich Pralinen sehr effektvoll verschenken. Beim verwendeten Papier wurde gestempelt und marmoriert.

◆ Geschenk-, Bunt-, Pack-,Transparent- und Kalenderdruckpapier mit Motiven ist ebenso wie geschöpftes Papier zum Falten geeignet.

◆ Damit die Geschenktüte gut steht, ist eine Bodenverstärkung mit einem Stück Karton empfehlenswert.

SCHWIERIGKEITS-GRAD
◎◎

MOTIVHÖHE
ca. 20 cm

MATERIAL GROSSE TÜTE
◆ Buntpapier, A3
◆ Falzbein
◆ Schere
◆ Klebstoff
◆ Kordel

Große Geschenktüte

1 Das Buntpapier zu einem Rechteck, 21 cm x 42 cm, zuschneiden. An der langen Seite ca. 2 cm umklappen, so wird die spätere Taschenöffnung schöner.

2 Diese Kante nach links legen. Nun an der oberen Kante ca. 1 cm nach unten falten. Dann das Papier zusammenfalten und mit dem umgeklappten Streifen zusammenkleben (Skizze 1). Gut trocknen lassen.

3 Die Mitte der rechten Kante mit einem ca. 5 cm langen Falz markieren (Skizze 2).

4 Die unteren Ecken auf diese Markierung falten und die Kanten mit dem Falzbein mehrmals flach streichen (Skizze 3).

5 Die Dreiecke öffnen und flach auseinander falten (Skizze 4). Dann das rechte Dreieck nach hinten umklappen und die untere Taschenkante gut nachstreichen. Wieder zurückfalten, so dass die Faltung wieder wie auf Skizze 4 liegt.

6 Die Ecken zur mittleren Faltlinie knicken, dabei einige Millimeter überlappen lassen (Skizze 5). Anschließend zusammenkleben und gut trocknen lassen.

7 Die Tüte auffalten und die Seitenkanten nacharbeiten. Dazu nacheinander an den Punkten A, B, C bzw. D mit zwei Fingern einer Hand festhalten und die Kante mit der anderen Hand zur Tütenöffnung vorsichtig formen und dann kräftiger nachstreichen. Die Tüte mit einem Band verschließen.

1.
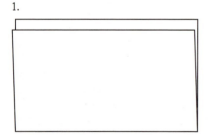

2.
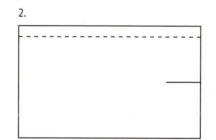

3.
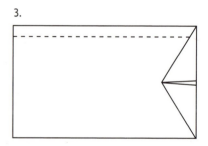

4.
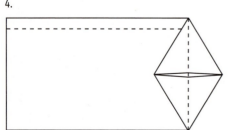

5.
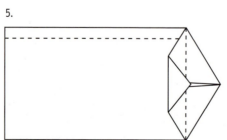

6.
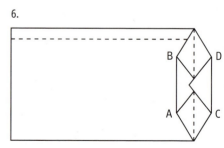

PAPETERIE

SCHÖNE DINGE

SCHÖNE DINGE

WEIBLICHER AKT

1 An der Grundanleitung auf Seite 11 orientieren. Ein Papier mittlerer Dicke aus weißer Pulpe schöpfen.

2 Nach dem Gautschen und Pressen das Papier noch in feuchtem Zustand locker um eine Skulptur drücken. Dies lässt sich aus der freien Hand ausführen.

3 Während des Trocknungsprozesses bleibt die Form, die dem Papier einen reliefartigen Charakter verleiht, unter dem Papier liegen. Durch die Dicke des Objektes gibt es einige Falten, die glatt gestrichen werden. Durch eine glatte Auflage erhält das Objekt eine gute Spannung.

4 Erst wenn das Papier völlig trocken ist, das Objekt entfernen.

5 Nach dem Trocknen das Bildobjekt auf einen Bildträger, eine Platte oder in einen Rahmen kleben.

SCHWIERIGKEITSGRAD
◐◐

MOTIVHÖHE
ca. 18 cm

TECHNIK
Papier schöpfen

MATERIAL
- Grundausstattung Papier schöpfen
- Pulpe in Weiß
- Bildträger (Karton)
- Holzleim
- Skulptur aus Ton, Speckstein oder Holz mit glatter Oberfläche

Tipps & Tricks

◆ Sie können auch einen selbst modellierten Akt verwenden. Das Material sollte allerdings nicht durch das Wasser beim Papierschöpfen angelöst werden. Eine ofenhärtende Modelliermasse wie FIMO® ist sehr gut geeignet.

IDEENPOOL

ORIENTALISCHER SPIEGEL

Tipps & Tricks

◆ Kleben Sie den Spiegel mit Klebeband ab, so dass kein Kleber darauf kommt. Nach dem Trocknen kann man das Klebeband leicht abziehen.

◆ Für diese Découpagearbeit eignen sich die verschiedensten selbst angefertigten Buntpapiere. Lassen Sie sich in Kapitel 2 (ab Seite 28) zu eigenen Kreationen inspirieren.

SCHWIERIGKEITSGRAD
◐

MOTIVGRÖSSE
ca. 31 cm

TECHNIK
Découpage

MATERIAL
◆ Spiegel in Orientform, 15 cm x 31 cm
◆ verschiedene Buntpapiere in Blau und Grün
◆ Découpagekleber und -lack

1 An den Grundanleitungen für Découpage auf Seite 45 orientieren. Die Papierstücke nach Belieben und 1,5 cm größer als den Spiegelrand zuschneiden. Die Papiere auf der Rückseite mit Wasser bestreichen.

2 Den Spiegelrand mit Découpagekleber bestreichen und die Papierstücke darauf anbringen.

3 Die überstehenden Stücke seitlich und nach hinten umbiegen und festkleben.

4 Bei den Rundungen das Papier bis zum Spiegelrand einschneiden und mit Découpagekleber befestigen. Den Rahmen lackieren.

SCHÖNE DINGE

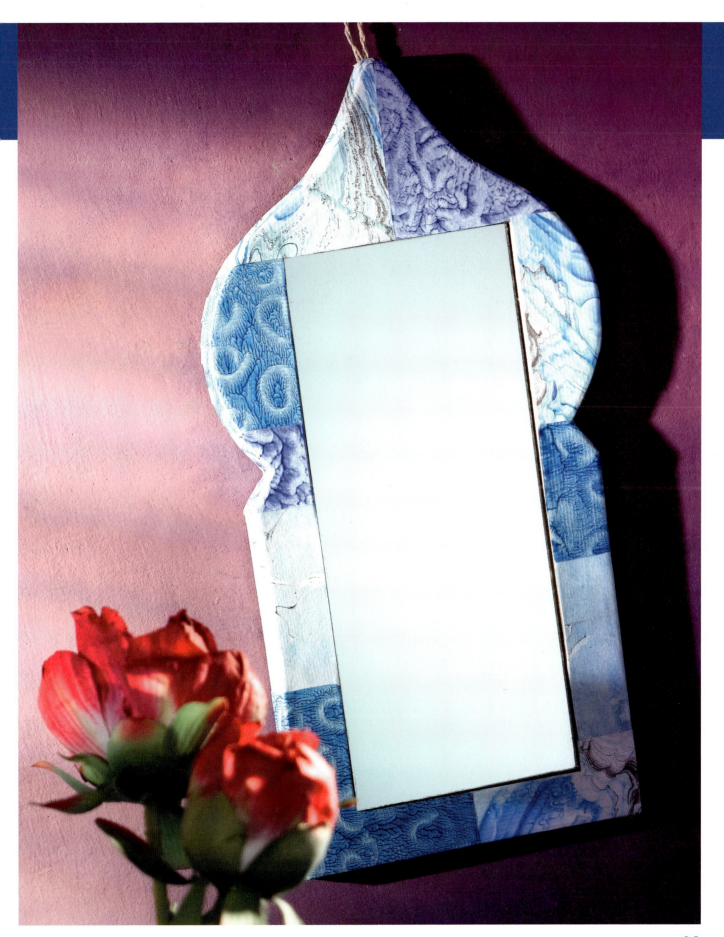

IDEENPOOL

FENSTERSCHMUCK

Tipps & Tricks

◆ Man kann die gebatikten Quadrate auch bündig auf den weißen Karton kleben und diese auf einem größeren Quadrat aus transparentem Plastik fixieren.

SCHWIERIGKEITSGRAD
◉◉

MOTIVHÖHE
ca. 43 cm

TECHNIK
Papierbatik

MATERIAL
- Batik- und Färbefarbe, Holzbeize oder Seidenmalfarben in Hellrot und Gelb
- Batikpapier, 19 g/m², je Quadrat 10 cm x 10 cm
- 2 Fotokartons in Weiß, A4, je Quadrat 13 cm x 13 cm
- Klebestift
- 2 Plastikwäscheklammern
- dünner Nylonfaden
- Nähnadel
- Bügeleisen

VORLAGE
Seite 126

1 Die drei Quadrate nach Faltskizze Quadrat auf Seite 126 falten: Das geschnittenes Quadrat von unten nach oben Kante auf Kante zusammenfalten (Skizze 1).

2 Das entstandene Rechteck hochkant legen und ebenfalls Kante auf Kante falten (Skizze 2).

3 Die letzte Faltung wieder öffnen. Die Faltung so hinlegen, dass die offene Seite unten liegt. Die rechte und die linke obere Ecke nach unten zum Mittelbruch falten (Skizze 3).

4 Die rechte und die linke untere Spitze bis zum Mittelbruch falten (Skizze 4).

5 Die hierdurch entstandenen rechten und linken Kanten ebenfalls bis zum Mittelbruch falten (Skizze 5).

6 + 7 Rechte und linke Hälfte aufeinander falten (Skizzen 6 und 7).

8 Das erste Quadrat mit dem spitzen Ende kurz in die gelbe Farbe tauchen. Mit der äußersten Spitze noch einmal ganz kurz in die rote Farbe tauchen. Die Faltung umdrehen und mit dem stumpfen Ende kurz in Rot tauchen. Den weißen Streifen frei lassen (siehe Fotos auf Seite 41). Zum besseren Festhalten die Wäscheklammer immer am anderen Ende anklemmen.

9 Das zweite Quadrat zuerst mit der spitzen Seite in Gelb, dann mit der stumpfen Seite kurz in Rot tauchen.

10 Das dritte Quadrat wie das erste Quadrat gestalten, dann jedoch auf der stumpfen Seite mit einem dünnen Haarpinsel rote Punkte aufgetragen und die rote Spitze nach dem Trocknen noch einmal kurz in Rot tauchen. Nach dem Trocknen die Faltung auffalten und mit „Baumwolleinstellung" glatt bügeln. Die Batik-Quadrate auf die vorgeschnittenen weißen Fotokartonquadrate mittig aufkleben. Die drei Quadrate untereinander mit Nylonfaden und Nadel befestigen.

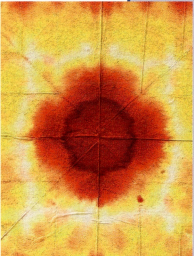

SCHÖNE DINGE

IDEENPOOL

VASENOBJEKT UND TELLER

Tipps & Tricks

◆ Mit einem Reagenzglas versehen kann in der Vase eine frische Blume gewässert werden. Auch eine Trockenblume kann darin ihren Platz finden. Dies ist eine schöne Geschenkidee.

◆ Es gibt im Handel bunte Glasvasen, deren Körper ineinander passen. Diese eignen sich besonders gut, um Serien anzufertigen.

SCHWIERIGKEITSGRAD
◯◯

MOTIVHÖHE
ca. 21 cm

TECHNIK
Papier schöpfen

MATERIAL
VASE
- Grundausstattung Papier schöpfen
- Pulpe in Weiß
- Glasvase, wenn möglich etwas gebogen
- Reagenzglas

TELLER
- Grundausstattung Papier schöpfen
- Pulpe in Weiß
- Teller
- rundes Spritzschutzsieb

Vase

1 Nach Anleitung auf Seite 11 ein Blatt im Format A5 schöpfen. Das gepresste und noch etwas feuchte Papiervlies vorsichtig um eine Glasvase hüllen.

2 Bei einer gebogenen Vase die Einbuchtungen gut andrücken und ausformen.

3 Nach dem vollständigen Trocknen das Objekt vom Glaskörper lösen.

4 Durch die leichten Biegungen hält sich das Objekt von selbst. Bei einem geraden Vasenkörper kann die Kante auch angeklebt werden.

Teller

1 An der Anleitung auf Seite 20 orientieren. Aus einer großen Schöpfwanne mit dem Spritzschutzsieb ein rundes Papier schöpfen. Das Sieb auf den Wannenrand legen und in die Pulpe Blüten setzen.

2 Auf das Blatt ein großes Windelvlies oder ein Spültuch legen und vorsichtig andrücken.

3 Wie beim Kuchen- oder Puddingstürzen wird das Werk auf ein vorbereitetes Gautschtuch abgegautscht.

4 Auf der Rückseite des Siebes mit einem nassen Lappen das Papier auf den Untergrund andrücken.

5 Das mit abgegautschte Spültuch glatt ziehen. In Schichten können weitere Papiere abgelegt werden, bis ein Pauscht runder Papiere da liegt.

6 Das Papier pressen. Nach dem Pressen in noch feuchtem Zustand das Papier in den Teller legen und leicht andrücken. Das Papier im Teller trocknen lassen und vorsichtig herausnehmen.

SCHÖNE DINGE

IDEENPOOL

TRÖPFCHEN-LICHTERKETTE

Tipps & Tricks

◆ Je steiler man das Blatt hält, desto länger werden die Tropfspuren.

SCHWIERIGKEITSGRAD
◎

MOTIVHÖHE
ca. 6 cm

TECHNIK
Papierbatik

MATERIAL
- Batik- und Färbefarbe, Holzbeize oder Seidenmalfarbe in Blau und Hellrot
- Christbaumkerzen in Weiß
- Universalpapier in Weiß, 2 x A4
- 10er-Minilichterkette in Weiß
- Borsten- oder Haarpinsel
- Speiseöl
- Küchenkrepp
- Alleskleber

VORLAGE
Seite 127

1 Die Christbaumkerze anzünden, Universalpapier etwas schräg halten. Das Wachs auf beide Papiere tropfen lassen.

2 Aus etwas blauer und etwas roter Farbe violett anmischen und mit Wasser stark verdünnen. Mit dem Pinsel beide Blätter einfärben. Trocknen lassen.

3 Wieder Kerzenwachs auf die Blätter tropfen. Die Papiere mit roter Farbe und Pinsel einfärben. Trocknen lassen.

4 Nun ein Papier nochmals mit roter, das andere Papier mit blauer Farbe bemalen. Trocknen lassen.

5 Die Papiere zwischen weißem Papier auf Baumwolleinstellung bügeln.

6 Lampenschirmschablone auf die Rückseite der Papiere legen, mit Bleistift umfahren und ausschneiden. Auf beiden Seiten mit Speiseöl einreiben. Überschüssiges Öl mit Küchenkrepp aufnehmen.

7 Abwechselnd ein dunkelrotes und ein violettes Lampenschirmchen um ein Birnchen der Lichterkette mit Alleskleber zusammenkleben.

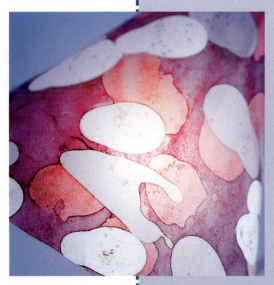

SCHÖNE DINGE

IDEENPOOL

BROSCHEN AUS PAPIER

Tipps & Tricks

◆ Beim Zuschneiden der Broscheneinlagen das Papier ca. 1 mm kleiner als aufgezeichnet zuschneiden, so dass es gut in die Form passt.

◆ Die blaue Pulpe kann man aus blauen Flugblättern herstellen. Aber auch blaue Eierschachteln sind prima geeignet. Mehr zum Einfärben der Pulpe erfahren Sie auf Seite 16.

SCHWIERIGKEITSGRAD
◐

MOTIVGRÖSSE
Brosche ca. ø 2,5 cm bis 4 cm
Kette ca. 17 cm lang

TECHNIK
Papier schöpfen

MATERIAL
BROSCHEN AUS PAPIER
◆ Grundausstattung Papier schöpfen
◆ Pulpe in Weiß
◆ Papierservietten in Blau, Schriftzüge
◆ Broschenrohlinge
◆ Bleistift
◆ Schere
◆ Klebstoff
◆ evtl. Wolle, Goldfaden, Filz
◆ evtl. Klarlack

BLAUE PERLENKETTE
◆ Grundausstattung Papier schöpfen
◆ Pulpe in Blau
◆ Wattekugeln oder Holzperlen
◆ angerührter Kleister
◆ Kleisterpinsel
◆ Auffädelseide oder Stahlseil
◆ ggf. Quetschperlen
◆ Stopfnadel
◆ Halskettenverschluss
◆ Wasserfarbe in Blau
◆ Pinsel

Broschen aus Papier

1 Beim Schöpfen des Papiers blaue Serviettenstücke oder schöne Schriftzüge einschöpfen, die wie kleine Landschaftsskizzen wirken.

2 Nach dem Trocknen lassen sich Ausschnitte für Schmuck herausschneiden. Die ausgewählten Stellen können in Broschengröße aufgemalt und rund oder oval herausgeschnitten werden.

3 Die Papiere einkleben oder hinter Glas legen und befestigen.

4 Offen liegende Papiere nach Belieben noch mit weiteren Materialien wie Wolle, Filz, Leder oder Goldfäden weiter gestalten. Zum Schluss sollte die Brosche mit Klarlack versiegelt werden.

Blaue Perlenkette

1 Einige einfarbige blaue Papiere ziemlich dünn schöpfen.

2 In noch feuchtem Zustand die Papiere frei aus der Hand in ca. 4 cm große Stücke reißen.

3 Das feuchte Papiervliesstückchen um eine Wattekugel herumlegen, so dass diese ganz eingehüllt ist. So wird Kugel um Kugel geformt, bis die benötigte Anzahl an Perlen (hier sind es 23 Perlen) erreicht ist.

4 Nach dem Trocknen abstehende Papierkanten mit Kleister ankleben und gegebenenfalls rundum mit Kleister bestreichen.

5 Das beim Umhüllen abgedrückte Einfädelloch mit einer Stopfnadel einstechen und nachbohren.

6 Nach dem Trocknen die Perlen auffädeln.

7 Die Kette kann ganz einfarbig gehalten werden, aber auch mit Wasserfarbe an einigen Stellen lebendig bemalt werden.

8 Zuletzt einen Verschluss anbringen. Bei der Verwendung von Stahlseil Quetschperlen zum Befestigen verwenden.

SCHÖNE DINGE

MODULARES ORIGAMI

Tipps & Tricks

◆ Sie können dieses Motiv aus beliebig großen, quadratischen Blättern fertigen.

◆ Im Kapitel 2, ab Seite 28, finden Sie verschiedene Gestaltungsideen für Buntpapiere.

Hinweis

◆ 3D-Origami oder modulares Origami besteht immer aus mehreren gleich gefalteten Teilen, aus denen dann ein geometrisches Objekt zusammengesetzt wird. Beispiele finden Sie bei www.origamikunst.de.

◆ Ausgegangen wird bei Origami meistens von einem quadratischen Blatt Papier. Die Verwendung von Schere und Klebstoff ist verpönt. Bis Anfang des 20. Jahrhunderts gab es nur wenige Modelle, darunter der Kranich. Akira Yoshizawa entwickelte neue Modelle und revolutionierte diese Technik.

SCHWIERIGKEITS-GRAD
◉◉◉

MOTIVHÖHE
ca. 16 cm

MATERIAL
◆ 12 Bögen Buntpapier, 14 cm x 14 cm
◆ Geodreieck®
◆ Bleistift

1 Der Würfel wird aus zwölf gleichen Parallelogrammen zusammengesetzt. Das Papier auf die Hälfte falten und wieder öffnen. Dann die rechte und die linke Seite auf die Mittellinie falten und wieder öffnen.

2 Die Mitte der Seiten markieren (A und D). Die rechte obere und die linke untere Ecke zur nächsten Faltlinie falten (Skizze 2).

3 Die Linie zwischen A und B sowie C und D falten (Skizze 3).

4 Das rechte und das linke Viertel zur Mitte falten. Dann rechts und links die Seitenmitte markieren (E und H) und die Linien zwischen E und F sowie zwischen G und H falten (Skizze 4). Es entsteht ein Parallelogramm.

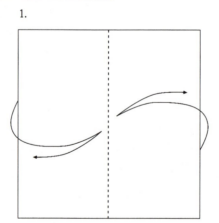

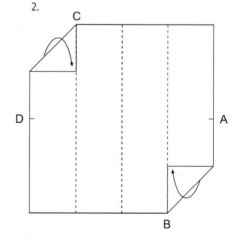

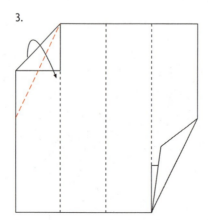

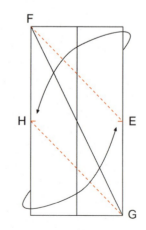

SCHÖNE DINGE

IDEENPOOL

WEITERFÜHRUNG „MODULARES ORIGAMI"

5 Die Spitzen der beiden Dreiecke in die darunter liegenden Taschen stecken (Skizze 5).

6+7 Das untere Dreieck nach oben klappen. Die rechte Spitze an der gestrichelten Linie nach vorn falten, die linke Spitze nach hinten (Skizze 6). Das so entstandene Dreieck (Skizze 7) wieder öffnen. Es entsteht ein Parallelogramm mit vier dreieckigen Flächen.

8 Die zwölf Parallelogramme zusammensetzen: Zunächst drei Teile nehmen und jeweils die Spitze des einen in die Tasche des anderen stecken, also Spitze A in Tasche A, Spitze B in Tasche B und Spitze C in Tasche C (Skizze 8).

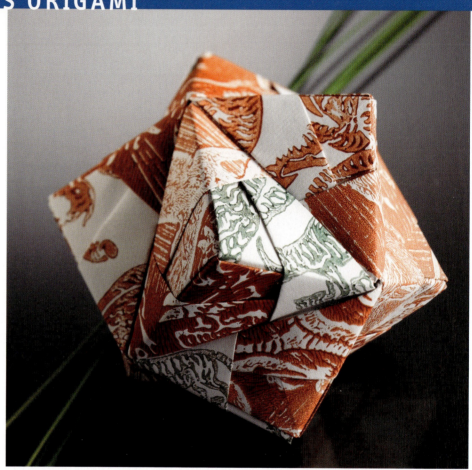

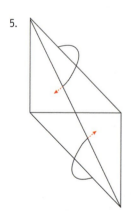

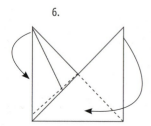

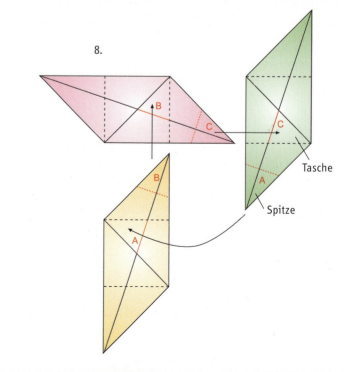

SCHÖNE DINGE

9 Es entsteht ein Dreieck mit einer dreiseitigen Pyramide in der Mitte (Skizze 9).

10 Eine Spitze dieses Dreiecks und zwei weitere Teile nehmen und wie in Punkt 8 beschrieben (Skizze 8) ineinander stecken. Dann nochmals eine Spitze und zwei weitere Teile nehmen und eine dritte Pyramide hinzufügen (Skizze 10). Nun die Spitze A (rosa Teil) in die Tasche B (grünes Teil) einstecken (Skizze 10).

11 Ein weiteres Teil nehmen (hier grau) und mit der Spitze in die Tasche des rosa Teils stecken (C). Dann die Spitze des grünen Teils in die Tasche des grauen Teils stecken (Skizze 11).

12 Es entsteht eine halbrunde Form mit vier Pyramiden und vier Zacken (Skizze 12).

13 Eine Zacke des Gebildes nehmen und die Spitze in die Tasche eines der noch übrigen Teile stecken. Dann die rechte Spitze dieses Teils in die Tasche der nächsten Zacke stecken. Deren Spitze dann wieder in die Tasche eines neuen Teils stecken usw. Mit dem letzten Teil schließt sich das Gebilde zur Kugel mit acht Pyramiden. Zum Abschluss die vier abstehenden Spitzen in die darunter liegenden Taschen stecken.

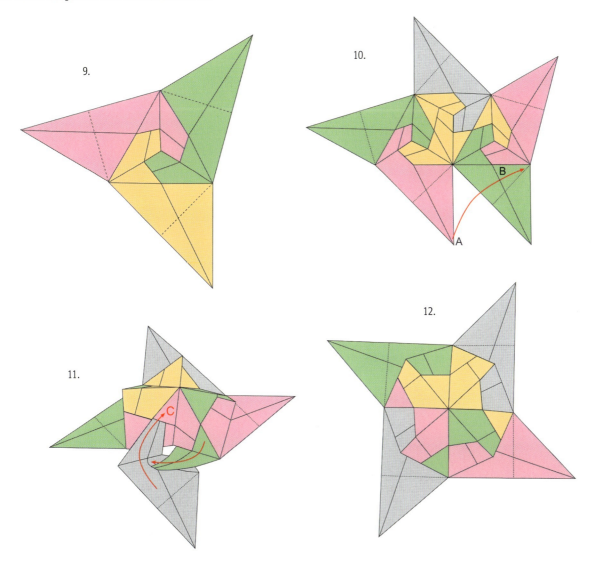

IDEENPOOL

SCHÖNE DINGE

KRANICHE

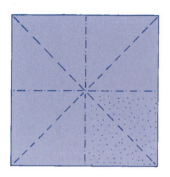

1 Das Papierquadrat zweimal diagonal falten, öffnen und wenden. Nun das Papier zweimal auf die Hälfte falten und öffnen.

2 Das Papier zu einem kleinen Quadrat falten. (Die gepunktete Fläche des großen Quadrates entspricht der gepunkteten Fläche des kleinen Quadrates.)

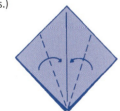

3 Von beiden Seiten jeweils die obere Lage an den gestrichelten Linien zur Mitte falten.

4 Die obere Spitze an der gestrichelten Linie nach unten und wieder nach oben falten.

5 Die bei Schritt 3 nach innen gefalteten Seiten wieder nach außen falten.

6-7 Die mit einem Kreuz markierte untere Spitze an der gestrichelten Linie nach oben ziehen (nur die oberste Papierschicht) und den entstandenen Rhombus, glatt streichen. Das Papier wenden und die Arbeitsschritte 3 bis 7 wiederholen.

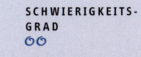

8 So entsteht die Doppelspitze.

9-10 Die Seitenflügel an den gestrichelten Linien zur Mitte falten. Die Form wenden und die hinteren Seitenflügel ebenfalls zur Mitte falten.

- - - - - Talfalte

- · - · - Bergfalte

SCHWIERIGKEITS-GRAD
◐◐

MOTIVHÖHE
ca. 9 cm

MATERIAL
- Buntpapier, 23 cm x 23 cm
- Schere
- Falzbein

Tipps & Tricks

♦ Eine japanische Legende besagt, dass jemand, der 1000 Kraniche faltet, von den Göttern einen Wunsch erfüllt bekommt. Das Atombombenopfer Sadako Sasaki litt an Leukämie. Sie faltete beinahe 1000 Kraniche, bevor sie ihrer Krankheit erlag. Dadurch wurde der Kranich auch zum Zeichen für Frieden und die Ächtung von Atomwaffen.

11 Die beiden unteren Spitzen an den gestrichelten Linien nach oben falten und dann jeweils eine Tütenfalte fertigen. Dafür das Papier an der eingezeichneten Linie zur offenen Seite hin (nach oben) falten.

12-13-14 An der rechten Seite den Schnabel als Tütenfalte fertigen. Das Papier wieder zur offenen Seite (nach unten) falten, entfalten und die geschlossene Kanten nach innen drücken. Die Flügel an den gestrichelten Linien nach unten falten.

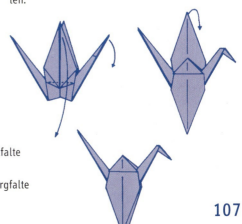

IDEENPOOL

STERNE AUS BUNTPAPIER

Tipps & Tricks

◆ Nach dieser Anleitung können Sie Sterne in verschiedenen Größen anfertigen. Die Entfernung der inneren Ecken zum Mittelpunkt können Sie mit dem Dreisatz ausrechnen oder frei Hand markieren.

◆ Die Sterne können Sie auch aus dünnem, geschöpftem Papier fertigen. Statt Bindfaden sieht auch dünner Golddraht sehr schön aus.

◆ Die Sterne wirken auch mit bedrucktem oder gestaltetem Transparentpapier sehr gut.

SCHWIERIGKEITSGRAD
◐◐

MOTIVGRÖSSE
Stern ca. ø 14 cm

TECHNIK
Buntpapier

MATERIAL PRO STERN
- Buntpapier, z. B. Tunkpapier
- Faden, ca. 50 cm lang
- Zirkel
- Bleistift
- Lineal
- Klebstoff
- Schere
- Falzbein

1 Zwei Sterne, Vorder- und Rückseite, anfertigen: Mit dem Zirkel einen Kreis im Durchmesser von 10 cm zeichnen. Mit der gleichen Zirkeleinstellung den Kreis in sechs gleich große Abschnitte unterteilen. Dabei an einem beliebigen Punkt im Rand einstechen und zu einer Seite eine Markierung auf der Linie setzen. Dann die Zirkelspitze dort einstechen und den nächsten Punkt markieren etc.

2 Nun alle Markierungen verbinden und so Außenkanten des Sechsecks zeichnen. Anschließend jede Kante in der Mitte markieren und diese Punkte sowie die zuvor gezeichneten Eckpunkte mit dem Mittelpunkt verbinden. Anschließend auf jede mittlere Linie ca. 3 cm vom Mittelpunkt aus eine Markierung machen (Zeichnung 1).

3 Das Papier an den gestrichelten Linien nach vorne falten (Talfalte), an den Strich-Punkt-Linien nach hinten (Bergfalte).

4 Die gestrichelten Linien bis zur Markierung einschneiden und die überstehenden Dreiecke als Klebelaschen umklappen (Zeichnung 2). Zuletzt beide Sternhälften zusammenkleben und mit einem Band umwickeln.

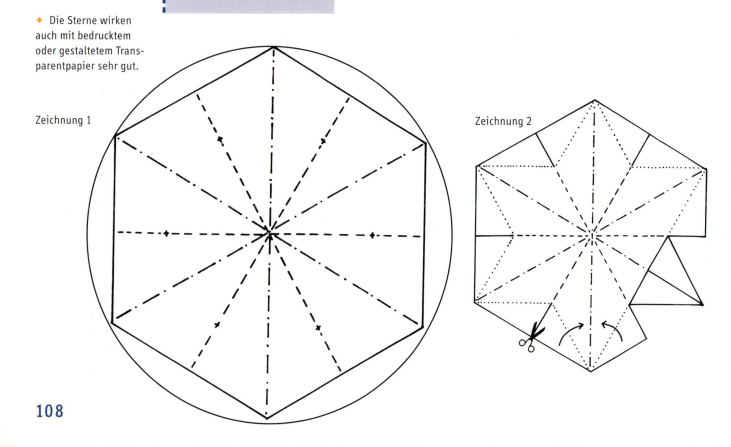

Zeichnung 1

Zeichnung 2

SCHÖNE DINGE

IDEENPOOL

SPANSCHACHTEL MIT PFAU

Tipps & Tricks

◆ Die Kerze vor Gebrauch einige Zeit in den Kühlschrank legen. Dann lässt sie sich besser vermalen und wird nicht so schnell weich.

SCHWIERIGKEITSGRAD
◐◐

MOTIVHÖHE
ca. 5 cm

TECHNIK
Wachsbatik, Malen mit Kerze

MATERIAL
- Spanschachtel, 5 cm hoch, ø 17,5 cm
- Holzbeize in Dunkelrot, Blau und Gelb
- 3 Schraubverschlussgläser
- Universalpapier, A4
- Geburtstagskerzen in Weiß
- Haarpinsel, Größe 1 und 6
- Borstenpinsel, Größe 10
- Klebestift

VORLAGE
Seite 129

1 Die Holzbeizen in Dunkelrot, Blau und Gelb nach der Beschreibung des Herstellers in Schraubverschlussgläsern ansetzen. Violett aus Rot und Blau, Hellgrün aus Gelb und etwas Blau anmischen.

2 Den unteren Teil der Spanschachtel blau und den Rand des Deckels in Violett anmalen.

3 Das Motiv auf Universalpapier übertragen. Mit dem stumpfen Ende der Kerze alle Linien des Motivs nachzeichnen.

4 Den Pfauenkörper mit dunklem, den Flügel und den Schwanz mit verdünntem Blau vorsichtig ausmalen. Die Wachslinien nicht übermalen.

5 Die großen Federkreise hellgrün, die kleinen violett mit dem feinen Pinsel ausfüllen.

6 Die Kreise der Kopffedern blau, hellblau, hellgrün und violett ausmalen.

7 Die Fläche um den Pfau in Dunkelrot, den äußeren Rand violett gestalten. Gut trocknen lassen.

8 Das Motiv ausschneiden und mit Klebestift auf die Schachtel kleben, dabei von innen nach außen ausstreichen.

SCHÖNE DINGE

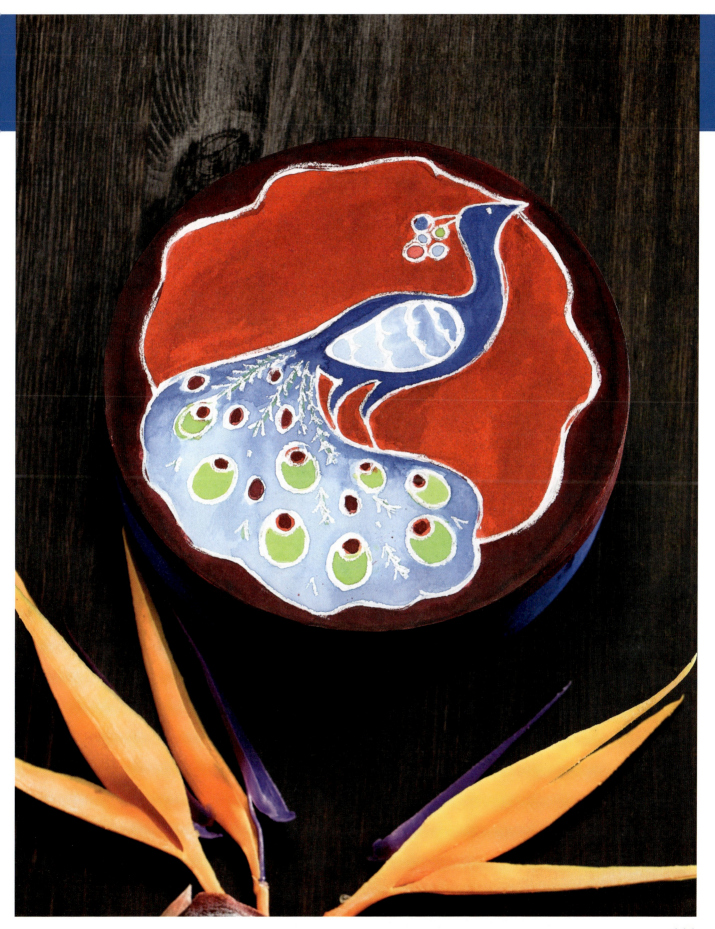

IDEENPOOL

ORIENTALISCHE LAMPE

Tipps & Tricks

◆ Bei der vorher im Kühlschrank gekühlten Kerze immer wieder den Docht abschneiden, dann lässt es sich besser malen.

SCHWIERIGKEITSGRAD
◐◐

MOTIVHÖHE
ca. 28 cm

TECHNIK
Wachsbatik, Malen mit Kerze

MATERIAL
- pyramidenförmiges Lampengestell aus schwarzem Draht, 28 cm hoch, 12 cm breit
- Geburtstagskuchenkerze in Weiß
- 2 Universalpapiere in Weiß, A4
- Batik- und Färbefarbe oder Holzbeize in Hellrot und Blau

VORLAGE
Seite 129

1 Das Seitenteil viermal mit dem Motiv auf weißes Universalpapier übertragen und ausschneiden.

2 Die Papiere werden in zwei Etappen gestaltet. Zuerst auf die Seitenteile mit dem stumpfen Ende der Kerze die auf dem Foto weißen Wellen, Punkte und Spiralen aufzeichnen. Noch nicht aufgezeichnet werden die Kreise oben und unten sowie die zweite Wellenlinie von oben.

3 Rosa aus Rot und viel Wasser anmischen. Blau mit der doppelter Menge Wasser verdünnen.

4 Das Muster gliedert sich von oben nach unten in vier Abschnitte. Der oberste Abschnitt wird mit Blau, der zweite mit Rosa, der dritte mit Blau und der unterste mit Rosa vorsichtig ausgemalt (siehe auch Foto zur Beschreibung der Arbeitstechnik auf Seite 41).

5 Die Wachslinien sollten nach Möglichkeit nicht übermalt werden. Trocknen lassen.

6 Dann werden im obersten Abschnitt die beiden Ringe, im zweiten Abschnitt die mittlere Wellenlinie und im untersten Abschnit die drei Kreise mit der Kerze aufgemalt.

7 Den obersten Abschnitt mit roter, den zweiten mit blauer, den dritten und vierten Abschnitt mit roter Farbe vorsichtig ausmalen. Trocknen lassen.

8 Die Papierteile von innen mit Klebestreifen unsichtbar am Drahtgestell fixieren.

SCHÖNE DINGE

IDEENPOOL

DEKOTASCHE

Tipps & Tricks

◆ Aus Papiertüten lassen sich vor dem Entsorgen die Henkel sammeln, so dass sie beim Schöpfen integriert werden können. Auch Papierschnur, Papierdraht, gefaltete Papierstreifen, gedrehte Kordeln und Metallbügel können Verwendung als Henkel finden.

◆ Da die Pistazienschalen recht dick sind, ist beim Pressen Vorsicht zu wahren. Mit einer dicken Polsterung durch Filzvliese und der Verwendung von Schaumstoff lassen sich Risse im Papier vermeiden und es kann gut gepresst werden. Der Schaumstoff dient als weiche Pufferauflage.

◆ Die Tasche muss gut getrocknet sein, bevor die Plastiktrennschicht aus dem Innenfach herausgenommen wird.

SCHWIERIGKEITSGRAD
◎◎

MOTIVGRÖSSE
ca. 30 cm

TECHNIK
Papier schöpfen

MATERIAL
◆ Grundausstattung Papier schöpfen
◆ Pulpe in Weiß
◆ Pistazienschalen
◆ Papierhenkel von Tragetaschen
◆ Plastiktüte
◆ Schaumstofftücher

1 Für das Schöpfen einer nahtlosen Tasche mit zwei Henkeln so vorgehen: Das erste Blatt schöpfen (siehe ab Seite 13). Die Ansatzstücke eines Henkels auf das abgegautschte Papier legen.

2 Ein zweites geschöpftes Papier darüber abgautschen, so dass der Henkel integriert ist.

3 Eine Trennschicht auflegen, die an den drei Nahtkanten je ca. 1 cm kleiner ist als die Papiere. Die Trennschicht verhindert, dass die Papiere sich verbinden.

4 Darüber noch einmal ein gleich großes Papier schöpfen. Die Ränder verbinden sich mit dem darunter liegenden Papiervlies und brauchen bei diesem Modell nicht geklebt zu werden.

5 Die Henkel einlegen und die Pistazienschalen auf das Papier legen.

6 Eine letzte Papierschicht schöpfen und über die Pistazienschalen gautschen. Nun ist die Tasche fertig zum Pressen.

7 Die Tasche gut mit Filzen und Schaumstoff auskleiden, damit sie sich gut pressen lässt und damit keine Risse entstehen.

8 Nach dem Trocknen die Schalen durch vorsichtiges Öffnen herauslösen, so entstehen interessante Aufbrüche.

9 Die Plastiktrennschicht herausnehmen.

Variationsmöglichkeit

Es kann auch nur ein Tragebügel eingearbeitet werden. Dieser wird beim Aufeinandergautschen der äußeren Papierränder weit nach außen platziert und integriert.
Gelingt das Integrieren des Henkels nicht, kann dieser selbstverständlich auch angeklebt oder angenäht werden.

Werden zwei Henkel eingearbeitet, so wird jede Taschenseite zweimal geschöpft und beim Schöpfen der aufgedrehte Papieransatz des Henkels eingeschlossen. Die ganze Tasche entsteht dann aus vier Schöpfvorgängen.
Diese Technik ist mit einem nahtlosen Filzvorgang (dreidimensionales Hohlkörperfilzen) vergleichbar.

SCHÖNE DINGE

IDEENPOOL

ENGELSFLÜGEL

Tipps & Tricks

◆ Auch wenn die Engelsflügel das ganze Jahr sehr dekorativ sind: In der Vorweihnachtszeit ist es eine sehr trendige, unaufdringliche Dekoration, die von der zarten Andeutung an die Himmelsboten lebt.

SCHWIERIGKEITSGRAD
◐

MOTIVGRÖSSE
ca. 25 cm

TECHNIK
Papier schöpfen

MATERIAL
- Grundausstattung Papier schöpfen
- Rahmen in Weiß, 25 cm x 25 cm
- Pulpe in Weiß
- Engelsflügel in Gold aus Pappmaché oder Engelsflügel aus Federn

1 Aus weißer Pulpe ein dickes, grob strukturiertes Blatt schöpfen. Das Blatt etwas kleiner als den Rahmen schöpfen, dann wirken die Ränder schön organisch. Das Blatt nicht pressen.

2 Die Engelsflügel in das frisch geschöpfte, noch nasse Blatt legen und trocknen lassen.

3 Die Materialien sind miteinander verwandt und darum halten die Flügel ohne Leim, obwohl das Ganze nur an der Luft getrocknet wurde. Da die Pulpe so dick ist, muss der gerahmte Engelsflügel nicht gepresst werden. So entsteht die starke Oberflächenstruktur im Papier.

4 Das Papier in den weißen Rahmen kleben.

SCHÖNE DINGE

IDEENPOOL

LICHTERKETTE

Tipps & Tricks

◆ Auch andere Papiere können für die Lichterkette verwendet werden. Achten Sie darauf, dass die geschöpften Papiere nicht zu dick sind, damit noch Licht durchscheint.

SCHWIERIGKEITSGRAD
◐

TECHNIK
Papier schöpfen

MATERIAL
- Grundausstattung Papier schöpfen
- Pulpe aus Baumwolle, Baumwolle mit eingestreuten Rosenblättern und Spargelschalen
- Lichterkette
- Kontaktkleber

1 Nach Anleitung auf Seite 14 Papier aus Spargeln, nach Anleitung auf Seite 11 Baumwollpapier und nach der Anleitung für Einsprengsel auf Seite 13 Baumwollpapier mit eingestreuten Rosenblättern oder dünn geschöpfter Baumwolle schöpfen.

2 Aus dem geschöpften Papier für jedes Lämpchen der Lichterkette die Blattform ausschneiden und mit Kontaktkleber unterhalb des Glühbirnchens anleimen. Sehr lebendig wirkt das Ganze, wenn die Blattform variiert wird.

SCHÖNE DINGE

119

IDEENPOOL

PAPIERFÄHNCHEN

Hinweis

◆ Die Flaggen sind in der Performance „Wir zeigen Flagge" entstanden.

Tipps & Tricks

◆ Nach der Anleitung für mehrfarbige Papier können Sie auch richtige Nationalflaggen oder bunte Fantasieflaggen schöpfen.

SCHWIERIGKEITSGRAD

MOTIVGRÖSSE
ca. 24 cm

TECHNIK
Papier schöpfen

MATERIAL
- Grundausstattung Papier schöpfen
- Pulpe in Weiß
- Herrentaschentücher
- 2 Rundholzstäbe, ø 8 mm, 1,5 m lang
- Federn, Glitter etc.
- Kontaktkleber

1 Herrentaschentücher klein schneiden oder reißen. Die Ränder entfernen.

2 Die zerkleinerten Taschentücher mit Zellstoffpulpe mischen und daraus Papier schöpfen.

3 Für den dreieckigen Ausschnitt Moosgummi auf das Sieb legen.

4 In die geschöpften Papiere können die Ränder oder andere markante Stellen (zum Beispiel ein Monogramm) der Taschentücher platziert werden.

5 Das Papier pressen, dadurch verbinden sich die Materialien.

6 Die Fähnchen nach dem Trocknen an den Rundholzstäben festkleben.

SCHÖNE DINGE

IDEENPOOL

BUNTPAPIERKISTE

Tipps & Tricks

◆ Holz- und Spanholzobjekte lassen sich ebenso wie Kartons oder Pappmaché-Rohlinge leicht und fantasievoll mit Buntpapierresten gestalten.

SCHWIERIGKEITSGRAD
◎◎

MOTIVGRÖSSE
ca. 20 cm x 20 cm

MATERIAL
- Holzkiste, 20 cm x 20 cm x 20 cm
- Buntpapier- oder Geschenkpapierreste
- Schmirgelpapier
- Tuch
- Glutolin-Kleister (siehe Seite 30)
- Pinsel
- evtl. Acryl- oder Lackfarbe
- Boots- oder Klarlack
- Pinzette

1 Die Kiste innen und außen mit feinem Schmirgelpapier glatt schleifen, entstauben und mit einem feuchten Tuch abwischen. Trocknen lassen.

2 Die farbige Innengestaltung der Kiste und des Deckels sowie der Unterseite mit Acryl- oder Lackfarbe vornehmen. Gut austrocknen lassen.

3 Papierreste von nicht färbendem Bunt- oder Geschenkpapier unregelmäßig zerreißen. Die Papierstücke nach Mustern und Farben sortieren.

4 Die Holzkiste außen zwei- bis dreimal mit Glutolin-Kleister einstreichen. Zwischendurch immer gut durchtrocknen lassen.

5 Die Gestaltung der Außenseite überlegen und die Papiere entsprechend zurechtlegen.

6 Den angerührten Glutolin-Kleister in einem flachen, großen Teller füllen. Die Buntpapierschnipsel kurzfristig rückseitig auf den Kleister legen, auf die Flächen der Kiste kleben.

7 Zum Auflegen und Kleben der Schnipsel kann als Hilfsmittel eine Pinzette verwendet werden. Die Papiere sollten leicht übereinander geklebt werden, um eine geschlossene Oberfläche zu bekommen.

8 Nicht zu nass arbeiten. Dadurch, dass die Kiste vorher schon mit Kleister präpariert wurde, erübrigt sich das nochmalige Einstreichen mit Kleister.

9 Die beklebten Oberflächen gut durchtrocknen lassen.

10 Anschließend kann diese Papierfläche mit Boots- oder Klarlack geschützt werden.

SCHÖNE DINGE

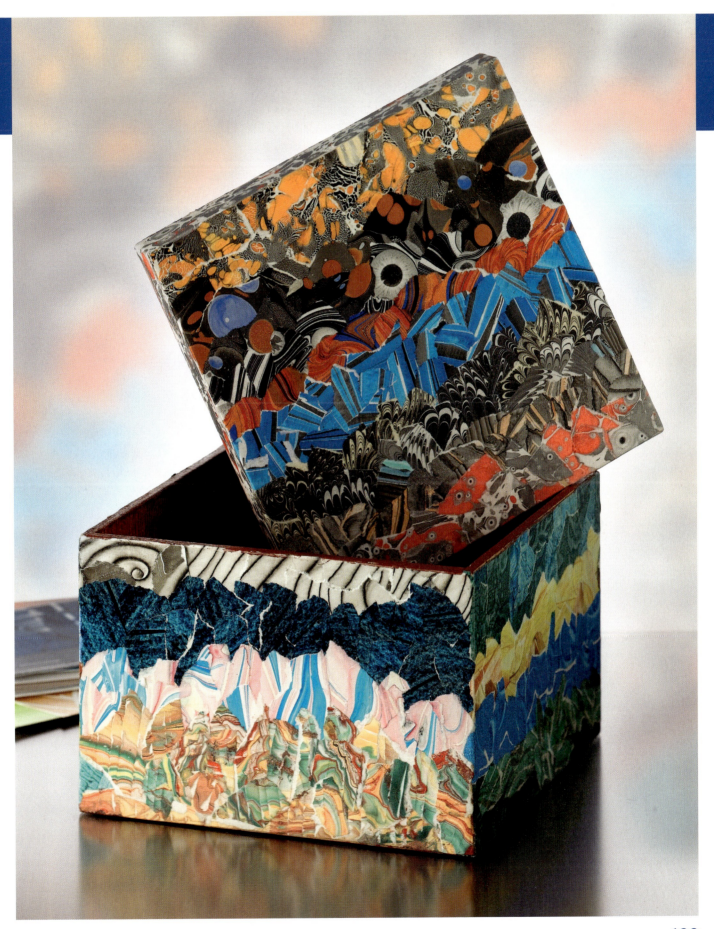

IDEENPOOL

BILDERRAHMEN UND WINDLICHT

Tipps & Tricks

◆ Beim Bügeln das Bügeleisen immer in Bewegung halten und nicht auf einer Stelle länger stehen lassen. Das Wachs könnte sich sonst entzünden.

◆ Nach dem Ausbügeln des Wachses das Bügeleisen nochmals auf sauberem Papier hin und her bewegen, damit eventuelle Wachsreste vom Eisen entfernt werden.

SCHWIERIGKEITSGRAD
◐

MOTIVHÖHE
Windlicht 9 cm
Bilderrahmen 19 cm

TECHNIK
Wachsbatik

MATERIAL
◆ Teelicht oder Kaltwachs
◆ Haarpinsel, Stärke 2
◆ Batik- und Färbefarbe, Holzbeize oder Seidenmalfarbe in Blau und Hellrot
◆ Universalpapier in Weiß, A4 (Windlicht)
◆ Fotokarton in Weiß, A4 (Bilderrahmen)
◆ Speiseöl
◆ Küchenkrepp
◆ Alleskleber
◆ Bügeleisen

VORLAGE
Seite 129

1 Das Windlicht einmal auf Universalpapier und den Bilderrahmen zweimal auf Fotokarton übertragen und ausschneiden. Einen Bilderrahmen als Rückwand nur außen herum schneiden.

2 Für die Heißwachsbatik ein Teelicht anzünden und warten bis das Wachs geschmolzen ist. Bei Bilderrahmen und Windlicht die Stellen, die weiß bleiben sollen, mit Hilfe des Pinsels mit Wachs abdecken.

3 Blaue Farbe mit viel Wasser verdünnen und das Papier vollständig damit bestreichen. Trocknen lassen.

4 Die Stellen, die hellblau werden sollen, mit Wachs abdecken.

5 Die Bereiche, die dunkelblau oder violett werden sollen, mit reinem Blau bzw. verdünntem Hellrot einfärben. Trocknen lassen.

6 Zwischen zwei weißen Papieren das Wachs aus den gebatikten Papieren bügeln.

7 Die Windlichthülle mit Alleskleber zusammenkleben. Beim Bilderrahmen das Rückteil zum Aufstellen auf Fotokarton übertragen, aufschneiden, falten und auf der Rückseite aufkleben. Den Bilderrahmen aufstellen.

SCHÖNE DINGE

VORLAGEN

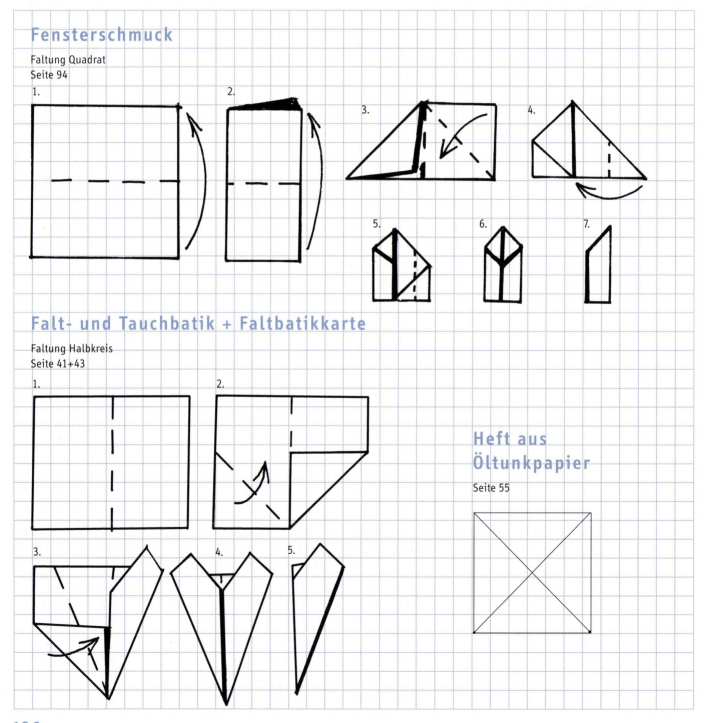

Fensterschmuck

Faltung Quadrat
Seite 94

Falt- und Tauchbatik + Faltbatikkarte

Faltung Halbkreis
Seite 41+43

Heft aus Öltunkpapier

Seite 55

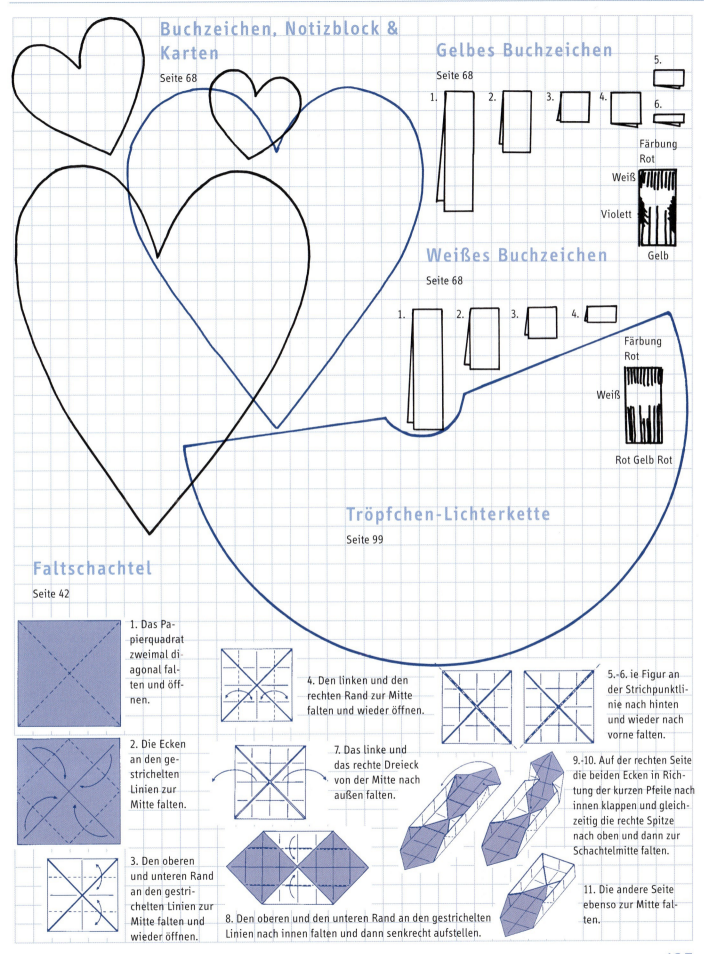

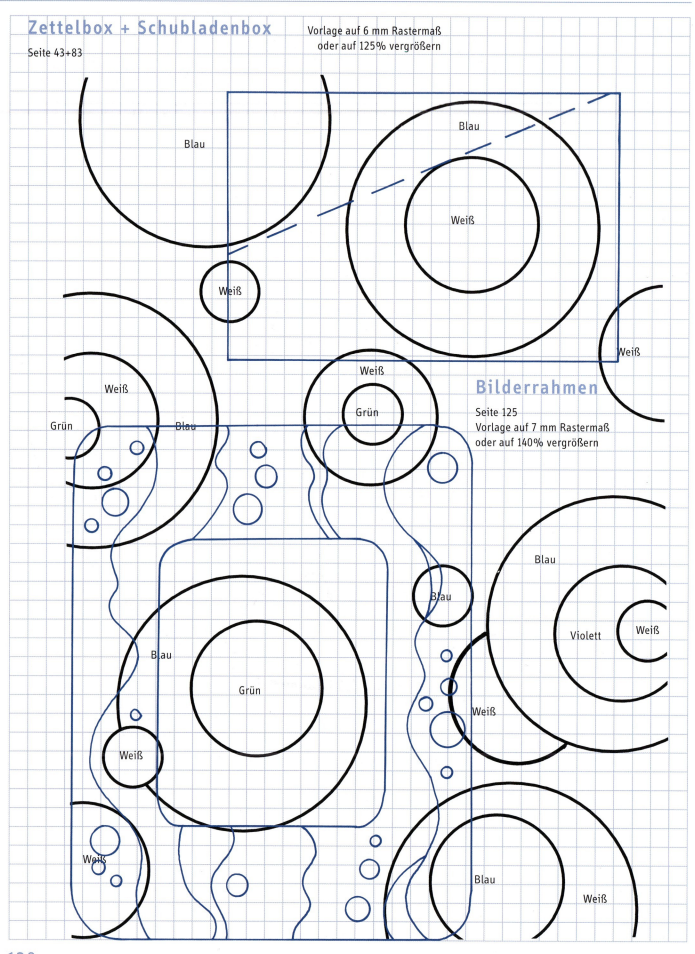

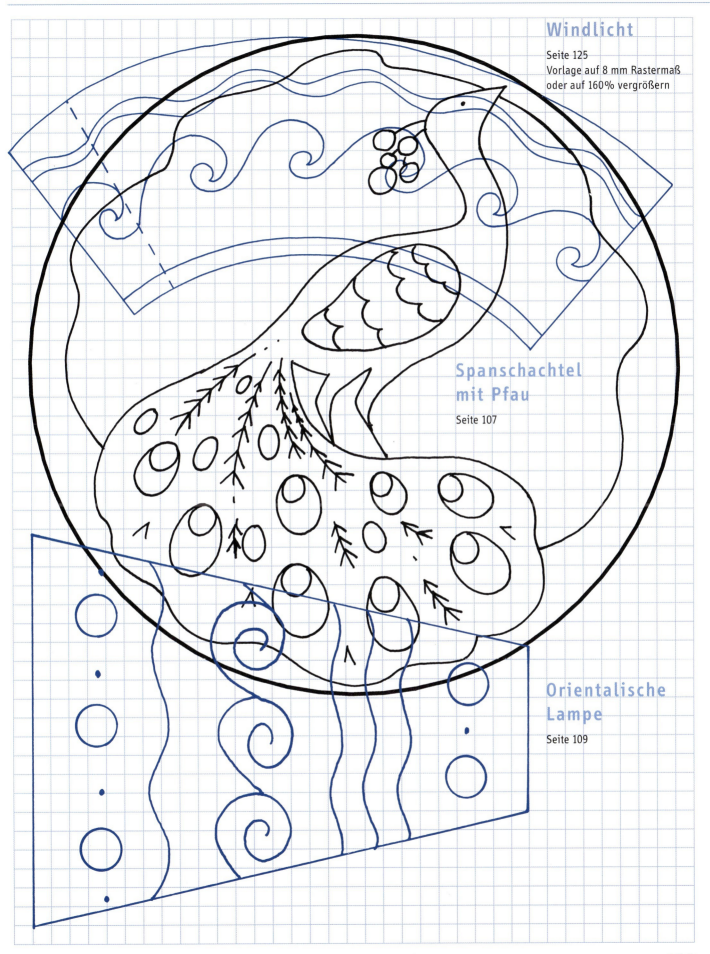

VORLAGEN

Windlicht
Seite 125
Vorlage auf 8 mm Rastermaß
oder auf 160% vergrößern

Spanschachtel mit Pfau
Seite 107

Orientalische Lampe
Seite 109

GLOSSAR

Abgautschen
Das frisch geschöpfte Papier wird vom Siebrahmen auf das Gautschtuch abgedrückt.

Aufschließen
Durch Einweichen, Kochen oder Schlagen wird die Zellulose aus den Pflanzen gelöst.

Bütte
Wanne für den Faserbrei (Pulpe) zum Schöpfen.

Büttenrand
Handgeschöpfte Papiere haben unregelmäßige Ränder, sie entstehen durch überlaufenden Faserbrei.

Dehnrichtung
Die Dehnrichtung verläuft senkrecht zur Laufrichtung. Bei der Aufnahme von Feuchtigkeit verändert das Papier seine Größe. Hauptsächlich in Richtung der Dehnrichtung.

Faserbrei
Besteht aus Wasser und Fasermaterial (Pulpe), letzteres besteht aus Pflanzen oder Zellstoff.

Füllstoff
Fügt man dem Faserbrei Pottasche oder Tonerde hinzu, wird das Papier glatter und griffiger.

Gautschtuch
Das klassische Material zum Abgautschen sind Gautschfilze aus Wolle. Waschbar und billig sind Kunstfaserbodentücher, die man zurechtschneidet.

Kunstharzleim (Synthetischer Papierleim)
Um das Papier tintenfest zu machen, kann man dem Faserbrei Kunstharzleim beigeben.

Laufrichtung
Jedes von der Maschine kommende Papier hat eine Laufrichtung. Das heißt, die Mehrzahl der Papierfasern richten sich dem Lauf der Maschine nach aus.

PaperArt
Kunstwerke aus Papier, sie entstehen meist im gestalterischen Prozess direkt aus der Pulpe. Bedeutende Vertreter: Jasper Johns, Claes Oldenburg, Jackson Pollock, Robert Rauschenberg, Frank Stella.

Pauscht
Ein Packen frisch geschöpfter Papiere mit Gautschtüchern dazwischen, der bereit zum Pressen ist.

Prägen
Erhebungen und Vertiefungen im Papier erzielen.

Pulpe
Faserbrei.

Recycling
Wiederverwertung eines Produktes.

Schlichte
Der Marmoriergrund.

Soda (Natriumkarbonat)
Beschleunigt beim Kochen der Pflanzen den Faseraufschluss.

Terpentin
Oleum terebin thinae rectificatum DAB 8 erhält man in Apotheken und bei Künstlerbedarf.

Vélin-Sieb
Schöpfrahmen mit Siebgeflecht.

Vergé-Sieb
Schöpfrahmen mit parallelen dünnen Stäben aus Messing, ursprünglich aus Bambus.

Zellulose
In den Pflanzen enthaltene Substanz, besonders aus dem Holz gewonnen.

Bezugsquellen für Schöpfrahmen und mehr

Schweizer Papiermuseum & Museum für Schrift und Druck,
St. Alban-Tal 37, CH-4052 Basel,
Tel. 0041 61 272 96 52,
E-Mail: info@papiermuseum.ch
Bausatz für Schöpfrahmen (Velin und Vergé), Gautschfilze, Zellstoff (Cellulose) trocken in Tafeln von Laub- oder Nadelholz, Baumwolle nass, synthetischer Papierleim

Ina Kunz, Postfach 808, CH-4153 Reinach,
Tel. 0041 61 711 21 79,
E-Mail: ina.kunz@intergga.ch
Schöpfrahmen für A5, Zellstoff- und Baumwollplatten

Werksiedlung St. Christoph, Lindenstr. 4,
D-79379 Müllheim-Niederweiler,
Tel. 0049 7631 1765-0,
E.-Mail:
christophorus-gemeinschaft@t-online.de
Schöpfrahmen für A5 und A4

Verband der Schweizerischen Zellstoff, Papier-, und Kartonindustrie ZPK,
Bergstr. 110, CH-8032 Zürich,
Tel. 044 266 99 20,
E-Mail:zpk@zpk.ch
Verleih von Filmen zum Thema Papier

Papierwespe, Aegidigasse 3/1,
A-1060 Wien,
Tel. 003 - 676 77 33 153
E-mail: office@papierwespe.at
www.papierwespe.at

REGISTER

Hier finden Sie alphabetisch geordnet die wichtigsten Begriffe aus „1 x 1 kreativ Papier gestalten". Die dahinter stehende Seitenzahl bezieht sich auf den Haupteintrag im Buch.

Abgautschen 12
Aufschließen 22
Auskaschieren 52

Bicolorpapier 17
Buchbinden 50
Buntpapier 28
Bütte 7

Découpage 44
Dehnrichtung 49

Einfärben, Pulpe 16
Einschließungen 22

Faltbatik 41
Faserbrei 11

Gautschtuch 8
Glukolinkleister 30

Kammmuster 36
Kleister 29
Kleisterpapier 30

Laufrichtung 49
Leporello 51

Marmorpapier 34

Papierbatik 40
Papyrus 7
Passepartout 23
Pauscht 12
Pergament 7
Pflanzenpapier 14
Prägen 19
Pulpe 10

Reisstärkekleister 30

Schachtel 52
Schlichte 34
Schöpfrahmen 10
Soda (Natriumkarbonat) 14
Streumuster 13

Tauchbatik 41
Tintenfest 9
Tunkpapier 34

Vélin-Sieb 7
Vergésieb 7

Wachsbatik 40
Wasserzeichen 21

Zellulose 10

AUTOREN

Christa Doll lebt bei Freiburg. Die Sozialpädagogin ließ sie sich als Ehe-, Familien- und Lebensberaterin, als Kunsttherapeutin ausbilden. Außerdem ist sie freischaffende Papier- und Textilkünstlerin und Autorin. Sie arbeitet als Fortbildungsreferentin für pädagogische Fachkräfte. Ihre Internetseite: www.fam-doll.de

Dagmar Koch wurde 1966 in Karlsruhe geboren. Als Buchbindermeisterin und Restauratorin arbeitete sie in der Stadtbibliothek Karlsruhe. Inzwischen ist sie Dozentin im Buchbinder-Colleg, Stuttgart (www.buchbinder-colleg.de).

Ina Kunz lebt bei Basel. Bevor sie sich als Journalistin und Autorin betätigte, arbeitete sie als Erwachsenenbildnerin in der Lehrer- und KindergärtnerInnen-Fortbildung im Bereich Kreativitätsförderung. Sie ist Mal- und Spielpädagogin, Dipl. Kunst- und Gestalttherapeutin in eigener Praxis sowie Paper-Art-Künstlerin.

Gisela Reschke (Jg. 1942) ist seit 25 Jahren Buntpapiererin, unter anderem tragen viele Insel-Bücher einen Einband aus ihrer Werkstatt. Sie lehrt die handwerklichen Fertigkeiten zur Buntpapiergestaltung und forscht außerdem auf dem Gebiet Buntpapier. Ihre Internetseite: www.buntpapierin.de

Gudrun Schmitt wurde 1963 in Fulda geboren und hat vier Kinder. Die Bankkauffrau hat schon immer gerne gemalt und gebastelt; das Vorbild waren die Eltern.

Eva Sommer, 1956 in Schweinfurt geboren, und hat einen ausgewachsenen Sohn. Sie beschäftigt sich seit denken kann mit Zeichnen, Malen und Basteln. Beruflich ist sie seit vielen Jahren als Kindergartenleiterin tätig.

Vielen Dank an Frau Kazumi Ozaki für die Origamifaltungen auf den Seiten 86, 103, 106!

IMPRESSUM

KONZEPT, PROJEKTMANAGEMENT UND LEKTORAT: Cosima Joerger
GESTALTUNG UMSCHLAG: Annette Vogt, red.sign, Stuttgart
DESIGNENTWICKLUNG/LAYOUT: Heike Wenger
FOTOS: frechverlag GmbH, 70499 Stuttgart; ©www.fotolia.de: Laure Fons (S. 7, oben links), Scott Rothstein (S. 7, oben rechts), Aleksej Kostin (S. 7, unten).
DRUCK UND BINDUNG: DELO-Tiskarna d.d., Ljubljana
Modelle: Christa Doll (Seite 27 unten, 58, 60, 63, 65, 71, 73, 90, 97, 101, 115), Dagmar Koch (Seite 54, 55, 66, 75, 77), Ina Kunz (Seite 26, 27 oben, 117, 118, 121), Gisela Reschke (Seite 42, 78, 81, 86, 89, 103, 106, 109, 123), Eva Sommer (Seite 43, 69, 95, 99, 111, 113, 125), Gudrun Schmitt (Seite 46–47, 85, 93).
Die Buntpapiere der folgenden Seiten stammen von Gisela Reschke: Seite 45–47, 55 oben, 85, 93.

Materialangaben und Arbeitshinweise in diesem Buch wurden von den Autorinnen und den Mitarbeitern des Verlags sorgfältig geprüft. Eine Garantie wird jedoch nicht übernommen. Autorinnen und Verlag können für eventuell auftretende Fehler oder Schäden nicht haftbar gemacht werden. Das Werk und die darin gezeigten Modelle sind urheberrechtlich geschützt. Die Vervielfältigung und Verbreitung ist, außer für private, nicht kommerzielle Zwecke, untersagt und wird zivil- und strafrechtlich verfolgt. Dies gilt insbesondere für eine Verbreitung des Werkes durch Fotokopien, Film, Funk und Fernsehen, elektronische Medien und Internet sowie für eine gewerbliche Nutzung der gezeigten Modelle. Bei Verwendung im Unterricht und in Kursen ist auf dieses Buch hinzuweisen.

Auflage: 5. 4. 3. 2. 1.
Jahr: 2012 2011 2010 2009 2008 [Letzte Zahlen maßgebend]
© 2008 frechverlag GmbH, 70499 Stuttgart

ISBN 978-3-7724-5049-5
Best.-Nr. 5049